MODERN LANGUAGES STUDY GUIDES
LITERATURE STUDY GUIDE FOR AS/A-LEVEL GERMAN

Der Besuch der alten Dame

Friedrich Dürrenmatt

Paul Elliott

The Publishers would like to thank the following for permission to reproduce copyright material.

Photo credits

p.18 EPA; **p.19** Theater Purkersdorf; **p.22** Topfoto; **p.25** Theater Purkersdorf; **p.30** Topfoto; **p.31** Lucian Milasan/Alamy; **p.45** Giuseppe Anello/Alamy; **p.53** Topfoto; **p.54** Topfoto; **p.65** Torontonian/Alamy

Every effort has been made to trace all copyright holders, but if any have been inadvertently overlooked, the Publishers will be pleased to make the necessary arrangements at the first opportunity.

Although every effort has been made to ensure that website addresses are correct at time of going to press, Hodder Education cannot be held responsible for the content of any website mentioned in this book. It is sometimes possible to find a relocated web page by typing in the address of the home page for a website in the URL window of your browser.

Orders: please contact Hachette UK Distribution, Hely Hutchinson Centre, Milton Road, Didcot, Oxfordshire, OX11 7HH. Telephone: (44) 01235 827827. Email education@ hachette.co.uk Lines are open from 9 a.m. to 5 p.m., Monday to Friday. You can also order through our website: www.hoddereducation.co.uk

ISBN: 978 1 4718 9199 9

© Paul Elliott 2017

First published in 2017 by

Hodder Education,

An Hachette UK Company

Carmelite House

50 Victoria Embankment

London EC4Y 0DZ

www.hoddereducation.co.uk

The authorised representative in the EEA is Hachette Ireland, 8 Castlecourt Centre, Dublin 15, D15 XTP3, Ireland (email: info@hbgi.ie)

Impression number 10 9 8 7 6

Year   2023

All rights reserved. Apart from any use permitted under UK copyright law, no part of this publication may be reproduced or transmitted in any form or by any means, electronic or mechanical, including photocopying and recording, or held within any information storage and retrieval system, without permission in writing from the publisher or under licence from the Copyright Licensing Agency Limited. Further details of such licences (for reprographic reproduction) may be obtained from the Copyright Licensing Agency Limited, Barnard's Inn, 86 Fetter Lane, London EC4A 1EN.

Cover photo © Getty Images/iStockphoto/Thinkstock

Typeset in India

Printed and bound by CPI Group (UK) Ltd, Croydon, CR0 4YY

A catalogue record for this title is available from the British Library.

Contents

Getting the most from this guide 5
1 Synopsis 6
2 Historical and social context 8
3 Scene summaries 17
4 Themes 43
5 Characters 53
6 The dramatist's style 63
7 Exam advice 71
8 Sample essays 79
9 Top 10 quotations 93

Getting the most from this guide

This guide is designed to help you to develop your understanding and critical appreciation of the concepts and issues raised in *Der Besuch der alten Dame* as well as your language skills, fully preparing you for your Paper 2 exam. It will help you when you are studying the play for the first time and also during your revision.

A mix of German and English is used throughout the guide to ensure you learn key vocabulary and structures you'll need for your essay, while also allowing you to develop a deep understanding of the work.

The following features have been used throughout this guide to help build your language skills and focus your understanding of the play:

Activity
A mix of activities are found throughout the book to test your knowledge of the work and develop your vocabulary and grammar. Longer writing tasks will help prepare you for your exam.

der Zweck purpose

For every paragraph in German, key vocabulary is highlighted and translated. Make sure you know these words so you can write an essay with accurate language and a wide range of vocabulary, which is essential to receive the top mark for AO3.

Build critical skills
These boxes offer an opportunity to consider some more challenging questions. They are designed to encourage deeper thinking and analysis to take you beyond what happens in the play to explore why the dramatist has used particular techniques, and the effects they have on you. These analytical and critical skills are essential for success in AO4 in the exam.

TASK
Short tasks are included throughout the book to test your knowledge of the play. These require short written answers.

Key quotation
Key quotations are highlighted as they may be useful supporting evidence in your essay.

Doch nun will ich eine Rede halten, vom Besuch erzählen der alten Dame in Güllen.
(Der Lehrer, Dritter Akt)

GRADE BOOSTER
These top tips will advise you on what to do, as well as what not to do, to maximise your chances of success in the examination.

Answers
Answers to every activity, task and critical skills question can be found online at www.hoddereducation.co.uk/mfl-study-guide-answers

1 Synopsis

Erster Akt

The townspeople of Güllen are desperate. Despite the town's rich cultural heritage, this once thriving community is on the brink of bankruptcy. Unemployment and poverty dominate the lives of its citizens, whose only pleasure is watching the trans-European trains hurtle past the dilapidated station. However, they have one hope. They are planning the visit of the richest woman in the world, Claire Zachanassian, who spent her childhood in the town. Their plan to ask her for financial help hinges on the character of Alfred Ill, the billionairess's childhood sweetheart.

Their plans for a ceremonious welcome are thwarted when a train stops unexpectedly and Claire emerges with her bizarre retinue: a butler, two gangsters, a coffin and a black panther in a cage. She immediately raises the hopes of the onlookers by donating a large amount of money to the bewildered train driver.

Things begin to get even better when Alfred Ill accompanies her to the woods. She seems pleased to see him and reminisces fondly about their past while revealing the troubled path of her own life, which has left her body largely reconstructed by the surgeon's knife. All seems well.

In the local hostelry, the town worthies are impressed by Claire's magnanimity. However, they are puzzled by her retinue, which also includes two blind men who speak in unison. In addition, Claire seems to change her husbands on a whim. Having arrived with husband number seven, she is planning wedding number eight in Güllen's minster.

The pompous mayor's welcome speech is debunked by the plain-speaking billionairess, who reveals that her apparently charitable actions were in fact bribes so that she could share a bed with Alfred Ill. When she finally makes her offer to the town of a substantial financial donation to the public purse and to each citizen, there are triumphant cries of joy.

However, she then reveals her true purpose. As a young girl she was forced to leave the town after she had become pregnant with Ill's child. Her butler is the judge and the two blind men the original witnesses who had perjured themselves in court after having been bribed by Ill to swear that they too had slept with her. Now she has come to claim justice for herself. She will donate the money to save the town if someone kills Alfred Ill.

The indignant mayor rejects her offer on behalf of the outraged citizens. But Claire insists that all she has to do is wait.

> **TASK**
> **1** Erforschen Sie den Dramatiker Friedrich Dürrenmatt. Machen Sie kurze Notizen zu seinem Leben und zu dem Stil und den Hauptthemen in seinen Werken.

Zweiter Akt

Surrounded by her strange entourage, Claire positions herself on her hotel balcony, from where she can watch developments in the town below.

In his shop, Ill serves his usual customers, each of whom buys more expensive goods than normal. When he questions the cost, they ask him for credit. Gradually he notices that they are all wearing new yellow shoes and begins to fear for his life.

Relying on the loyalty of his fellow citizens, he goes in turn to three representatives of local institutions to ask for help: the mayor, the policeman and the priest. However, he is horrified to discover that they too have succumbed to temptation. He is astonished by the mayor's new typewriter and by his extensive plans for redevelopment in the town; he is amazed to see that the policeman has a brand-new gold tooth in his mouth; and despite the priest's sanctimonious words, he is appalled to hear a new church bell.

Taking the priest's advice, Ill decides to flee and heads for the station. Here he is surrounded by the townspeople who reassure him that he is safe. He realises however that he can never escape the influence of the billionairess, who will find him wherever he goes, as she did the butler and the blind men.

Dritter Akt

In a local barn, Claire awaits her wedding day. She receives a visit from the doctor and the teacher, who plead with her to donate the money without the condition of Ill's murder. However, she refuses, telling them how her rejection led her into a life of prostitution which came to an end only when she met her first husband, Zachanassian. She knows the value of money, has power and is determined to use it to get her revenge on the man who ruined her life.

In Ill's shop, his wife and family, also stricken with the credit bug, continue to serve customers as normal. The teacher, unable to cope with what is happening around him, becomes drunk and is prevented from telling the press about Claire's offer only when a new portrait of Ill is crashed on his head.

Ill emerges from his room a changed man. After days of soul-searching he has finally accepted his guilt and the inevitability of his death. The mayor visits him with a rifle and a strong suggestion that Ill should take his own life rather than force the citizens to commit a crime. Ill refuses.

Finally the day of reckoning comes. In a formal meeting the mayor leads the citizens of Güllen in denouncing Alfred Ill and the men kill him. With the intention of taking the corpse to a mausoleum on the island of Capri, Claire hands over the cheque.

2 Historical and social context

Dürrenmatt als Dramatiker

Der Schweizer Friedrich Dürrenmatt ist einer der bedeutendsten Dramatiker des zwanzigsten Jahrhunderts. Sein Stil ist voller zynischen Humors und Kritik an die Gesellschaft. Jedoch haben seine Werke einen didaktischen **Zweck**: Sie sollen den **Zuschauer** zum Denken anregen. Für ihn bietet das Theater eine Möglichkeit, die moderne Welt zu analysieren und Lösungen für die vielen Probleme des modernen Menschen zu suchen. In seinen über zwanzig **Bühnenstücken** versucht er, das Publikum zu irritieren und zu kritischer Reflexion zu bewegen. Typische Themen für ihn sind Recht und Unrecht, Macht und Gewalt oder persönliche Verantwortung in einer konfusen Welt. Seine **bevorzugte** Gattung im Theater war die Form der Tragikomödie. Die **Uraufführung** seines Stücks *Der Besuch der alten Dame* fand am 29. Januar 1956 statt.

der Zweck purpose
die Zuschauer *(pl)* audience
das Bühnenstück stage play
bevorzugt preferred
die Uraufführung first performance

It has always been difficult to categorise Dürrenmatt's style and this is what makes his plays so original. For him the theatre was a place for presenting works of art rather than a venue for presenting political or theoretical views. The most important element of his plays is their theatricality. In his writing about the theatre he explains that he wants the audience to be concerned with a series of stage images that merge together in their minds to allow them to understand his dramatic purpose.

Dürrenmatt was greatly influenced by the theatre work of Bertolt Brecht, who is renowned for his Alienation Effect or *Verfremdungseffekt* in the theatre. Both Brecht and Dürrenmatt intend the theatre to be used for didactic purposes and both aim to alienate their audiences from becoming too emotionally involved in the plot of the play by using certain dramatic techniques. However, while Brecht wants to remind his audience constantly that they are in a theatre, Dürrenmatt is more subtle in his approach. He claims that 'Theater ist Theater': in *Der Besuch der alten Dame* he creates his own reality through his use of selected scenery and props — the reality of a desperate town and desperate people.

In many of his plays Dürrenmatt explores the question of whether it is possible in the modern world to have a true hero. In Greek theatre, the tragic hero was a possibility because the hero's fate was sealed from the outset in a world in which order reigned supreme. In the modern chaotic world with all its horrors, order is impossible and therefore the tragic hero cannot exist. However, as we see through the character of Alfred Ill, tragedy is still possible, although it is society and social trends which shape the fate of the protagonist.

> **GRADE BOOSTER**
>
> In your exam essays remember that you are writing about a play which is to be performed on stage. Always consider the dramatic impact of a scene or an image on an audience, e.g. the yellow shoes, rather than simply their symbolic function in the script.

2 Historical and social context

In Dürrenmatt's theatrical world, exaggeration is necessary rather than realism. Thus, Claire is presented as a larger-than-life individual who takes her control to an extreme, changes her husbands at will, gives her whole entourage rhyming names and is herself a grotesquely exaggerated figure created with artificial limbs.

Many critics have asked if *Der Besuch der alten Dame* is a political play, a satire on the struggle for dominance between communism and capitalism in post-war Europe. However, Dürrenmatt himself refuted this idea. It is better to view the play as a sort of modern morality play which forces its audiences to consider their moral priorities in an increasingly materialistic world.

Entstehung und Rezeption des Werks

> Die Idee für das Stück stammt zunächst aus einer Novelle von Dürrenmatt selbst, die er dann in ein Bühnenstück umwandelte. Der Dramatiker befand sich in tiefer finanzieller Not und konnte die Krankenhausrechnungen für seine Frau nicht bezahlen. Von seinen täglichen Bahnfahrten zu seiner kranken Frau und den **ärgerlichen** Aufenthalten an kleinen Bahnhöfen bekam er die Idee für die erste Szene am Bahnhof. Nach der Uraufführung am Schauspielhaus Zürich im Jahr 1956 wurde das Stück mit großem **Erfolg** in anderen europäischen Theatern aufgeführt und wurde bald zu einem der beliebtesten Stücke der 50er Jahre und zu einem Welterfolg. Für Dürrenmatt begründete es seinen **Ruhm** als Dramatiker und sicherte seine finanzielle Zukunft. Aber nicht alle Kritiker waren positiv. Das Stück wurde vor allem in der Schweiz kritisiert, da es die moderne **Gesellschaft** in einem schlechten Licht **erscheinen** ließ.

ärgerlich annoying

der Erfolg success

der Ruhm fame
die Gesellschaft society
erscheinen to appear

After the television premiere of the play, one outraged viewer from Berlin sent the broadcasting company a sum of money to use as seen fit under the condition that Friedrich Dürrenmatt was killed. The ordinary people of central Europe who were enjoying the new prosperity of the *Wirtschaftswunder* were insulted by the insinuation of the play that they would resort to anything for money — even to murder. However, such negativity soon faded as the play captured the imagination of audiences in the 1950s.

In the creative process, Dürrenmatt was always intent on finding 'der Einfall', the original idea which would set his plot in motion. He found the original idea for this play in his own short story *Mondfinsternis* which he had written some years earlier. He developed the main character Claire Zachanassian not, as some people suggested, to provide a starring role for his favourite actress Therese Giehse, but to make the play dramatic. Her sudden early arrival at the dilapidated station in her sedan chair is one of the iconic moments of twentieth-century theatre and is, in Dürrenmatt's own words, 'bühnenatmosphärisch'.

> **TASK**
> **1** Was verstehen Sie unter dem Begriff „bühnenatmosphärisch"? Machen Sie Ihre eigene Liste von „bühnenatmosphärischen" Effekten in diesem Stück. Wie würden sie zu der Aufführung beitragen?

Der Besuch der alten Dame is still performed widely throughout the world, its universal themes transcending the narrow world of the 1950s. As well as several adaptations for television, it was made into a film entitled *The Visit* in 1964 starring Ingrid Bergman and Anthony Quinn, although this version deviates from the original in many respects. Musical adaptations include an opera by Gottfried von Einem in 1971 and a stage musical by Kander and Ebb first seen in 2001.

Materialismus in den fünfziger Jahren

Nach dem Zweiten Weltkrieg waren die 50er Jahre in Deutschland die Zeit des **Wirtschaftswunders**, in der die Menschen das gemeinsame Ziel des **Wiederaufbaus** teilten. Obwohl man die alten Traditionen **bewahren** wollte, wollte man auch die neuen Waren der modernen Zeit anschaffen – vor allem Waren aus Amerika! Allmählich wandte die Bevölkerung der Vergangenheit den Rücken zu und sah optimistisch in die Zukunft. Deutsche Bürger vergnügten sich wie nie zuvor mit mehr Geld und größerer Freiheit. Das Auto, vor allem der VW-Käfer, verkörperte Erfolg und **Wohlstand**. Und die Deutschen durften in dieser neuen Demokratie ihr Leben selbst bestimmen, was in den vorigen zwei **Jahrzehnten** nicht möglich gewesen war.

das Wirtschaftswunder economic miracle

der Wiederaufbau rebuilding

bewahren to preserve

der Wohlstand prosperity

das Jahrzehnt decade

The poverty in Güllen was not unusual in post-war Europe. Constant bombing had left much of the continent's infrastructure in ruins; large sections of the German population were displaced; and the Allies embarked on restoring democracy in a country whose political system had been dominated by the Hitler dictatorship for over a decade. The rapid economic recovery of Germany after the Second World War is, therefore, often described as a miracle.

GRADE BOOSTER

```
In your exam it is not necessary to refer to
the historical background. Dürrenmatt refused to
acknowledge that his play was explicitly about post-war
Europe or German guilt over the Holocaust. However, an
understanding of the background helps to place the work
in its historical and social context.
```

Key quotation

—*Sie vergessen, daß Sie sich in Güllen befinden. In einer Stadt mit humanistischer Tradition. Goethe hat hier übernachtet, Brahms ein Quartett komponiert. Diese Werte verpflichten.*

(Der Bürgermeister, Zweiter Akt)

The stark contrast between the old order and a new world is embodied in the contrast between the town of Güllen, with the faded grandeur of the hotel and the memories of its humanist tradition (Goethe spent a night here, Brahms composed a string quartet), and Claire's entourage (the American gangsters, her glamorous husbands). She tempts the town with a promise of a rich and happy future which has for them only been a dream and which they are unable to resist.

As the people of Güllen accrue debts, they purchase the goods and follow the trends which typified the 1950s and which would have resonated with the audience at the first performance in 1956. Thus, Ill's family's dream of an affluent lifestyle is symbolised in the new car, his wife's fur coat, his daughter's tennis and French lessons. Their neighbours even have a new radio. The mayor sits in his office in the town hall admiring his new town plan.

Claire rules her world with new technology. From the balcony of her hotel room she telephones around the world to organise her international empire. Importantly, she relies on the press and the television reporters to keep her in the limelight. In contrast to the people of Güllen, who are in awe of these new technologies, she uses them to her own ends: in her first scene, she tells her perplexed husband to leave the press members in the dining car of the train because she does not need them yet.

> **TASK**
> **2** Machen Sie eine Liste von den Waren, die die Güllener anschaffen. Was bedeuten diese Waren für sie?

Griechisches Theater

erzieherisch educational
der Held hero
erleben to experience
die Ähnlichkeit similarity
der Widerspruch conflict

> Für die alten Griechen war das Drama sowohl unpolitisch als auch **erzieherisch**. Indem sich die Zuschauer mit dem **Helden** identifizieren, sollen sie intensive Gefühle **erleben**, durch die sie im eigenen Leben verbessert werden. Im Prinzip ist es auch so in Dürrenmatts Werken. Das griechische Theater spielte für ihn eine bedeutende Rolle. In dem Protagonisten Alfred Ill bemerken wir große **Ähnlichkeiten** mit dem typischen griechischen Helden. Er befindet sich in einem moralischen Dilemma, in dem es einen **Widerspruch** zwischen zwei kontrastierenden unvereinbaren Ideen gibt. In *Der Besuch der alten Dame* muss Ill zwischen Lüge und Wahrheit wählen. Schließlich muss der griechische Held die Verantwortung für sein Handeln übernehmen, genau wie es Alfred Ill im Laufe der Handlung tut.

Dürrenmatt's interest in Greek theatre is most obvious in this play. Even in its form, it observes the three unities of classical theatre (place, time and action), and the three-act structure adopts the familiar pattern of exposition, development and denouement which classical dramatists used. The protagonist, Alfred Ill, undergoes a transformation in the course of the action, reaching his

> **Key quotation**
>
> *Doch nun will ich eine Rede halten, vom Besuch erzählen der alten Dame in Güllen.*
> (Der Lehrer, Dritter Akt)

lowest point at the end of the second act before confronting the inevitability of his fate and accepting his death as a foregone conclusion. In doing so, he displays a level of courage which sets him above his fellow mortals.

There are many classical illusions throughout the play. These are made mostly by the teacher, whose efforts to instil the values of the ancient Greeks have been his life's work in the local school. Thus, he recognises Claire's affinity with the murderous, vengeful Medea or the lustful Greek courtesan Lais who used men for her own good, and he sees Claire as the angel of vengeance who comes to wreak havoc in this formerly virtuous community. No wonder then that his words have a grand classical tone, out of step with the more mundane utterances of his fellow townspeople.

The references to Greek theatre culminate in the final scene of the play when the cast form into a double chorus parodying the chorus in Sophocles' play *Antigone*. Resplendent in their newly acquired finery and speaking in blank verse, the citizens bond together to praise their prosperity with no hint of remorse or guilt for their treatment of Alfred Ill.

Übungen

Vokabular

1 Was wird hier beschrieben? Wählen Sie das richtige Wort aus dem Kasten.
1. ein anderes Wort für Trauerspiel
2. woher die Idee für das Stück gekommen ist
3. der Hauptcharakter in einem Theaterstück
4. die Premiere eines Theaterstücks
5. die allerletzte Szene in dem Stück
6. die Versuche eines Dramatikers, unsere Emotionen zu unterdrücken
7. die wirtschaftliche Boomzeit in Nachkriegsdeutschland
8. wenn ein Theaterstück gut ankommt
9. ein bequemer Lebensstandard
10. wenn zwei entgegengesetzte Ideen zusammen erscheinen

die Uraufführung	das Wirtschaftswunder
die Verfremdung	der Widerspruch
der Protagonist	der Wohlstand
die Entstehung	die Tragödie
der Erfolg	das Schlussbild

Grammatik

2 Wählen Sie das richtige Satzende für diese fünf Sätze, damit sie grammatikalisch richtig sind.
1. Nach der Uraufführung des Stücks …
   - a weil Dürrenmatt seine Frau besuchen musste.
   - b wurde Dürrenmatt schnell weltberühmt.
   - c und Dürrenmatt verdiente viel Geld davon.
2. Zahlreiche Waren werden im Stück erwähnt, …
   - a woher die Güllener das Geld bekommen.
   - b damit die Güllener oft einkaufen gehen.
   - c die in den 50er Jahren zu kaufen waren.
3. *Der Besuch der alten Dame* spiegelt … wider.
   - a den wirtschaftlichen Aufschwung Deutschlands.
   - b obwohl die Güllener arm sind.
   - c und zeigt die Gefahren des Geldes.
4. Dürrenmatt bezweifelt, …
   - a dass alles bühnenatmosphärisch ist.
   - b ob Tragödie noch möglich ist.
   - c die Wahrheit von Ills Geschichte.

DER BESUCH DER ALTEN DAME

Verständnis

3 Beantworten Sie die folgenden Fragen auf Deutsch.
1. Erklären Sie den Begriff „einen didaktischen Zweck".
2. Was war für Dürrenmatt das Wichtigste an einem Theaterstück?
3. Inwiefern sind Dürrenmatt und Brecht als Dramatiker ähnlich?
4. Welche Frage stellt Dürrenmatt in vielen seiner Theaterstücke?
5. Warum war der Erfolg des Stücks für Dürrenmatt wichtig?
6. Wie wurde das Stück in der Schweiz aufgenommen?
7. In welcher Hinsicht waren die 50er Jahre anders als frühere Jahrzehnte?
8. Inwiefern ist Ills Familie typisch für alle Gülleners?
9. Welche Rolle spielen die neuen Technologien für Claire?
10. In welcher Hinsicht ist Ill wie ein griechischer Held?
11. Welche Charaktereigenschaft zeigt Ill am Ende des Stücks?
12. Warum erwähnt der Lehrer Medea und Lais?
13. Wie spricht der Lehrer?
14. Warum ist das Schlussbild anders als der Rest des Stücks?

Interpretation

4 Untersuchen Sie, inwiefern das Stück das Leben in den 50er Jahren widerspiegelt und inwiefern das Stück universale Themen enthält.

Schreiben Sie einen Absatz darüber. Zu bedenken:
- wie die Lebensverhältnisse in den 50er Jahren waren
- wie diese Verhältnisse in dem Stück widergespiegelt werden
- was für universale Themen in dem Stück zu finden sind
- Dürrenmatts Meinung zu verschiedenen Interpretationen.

Der geschichtliche und gesellschaftliche Hintergrund des Stücks

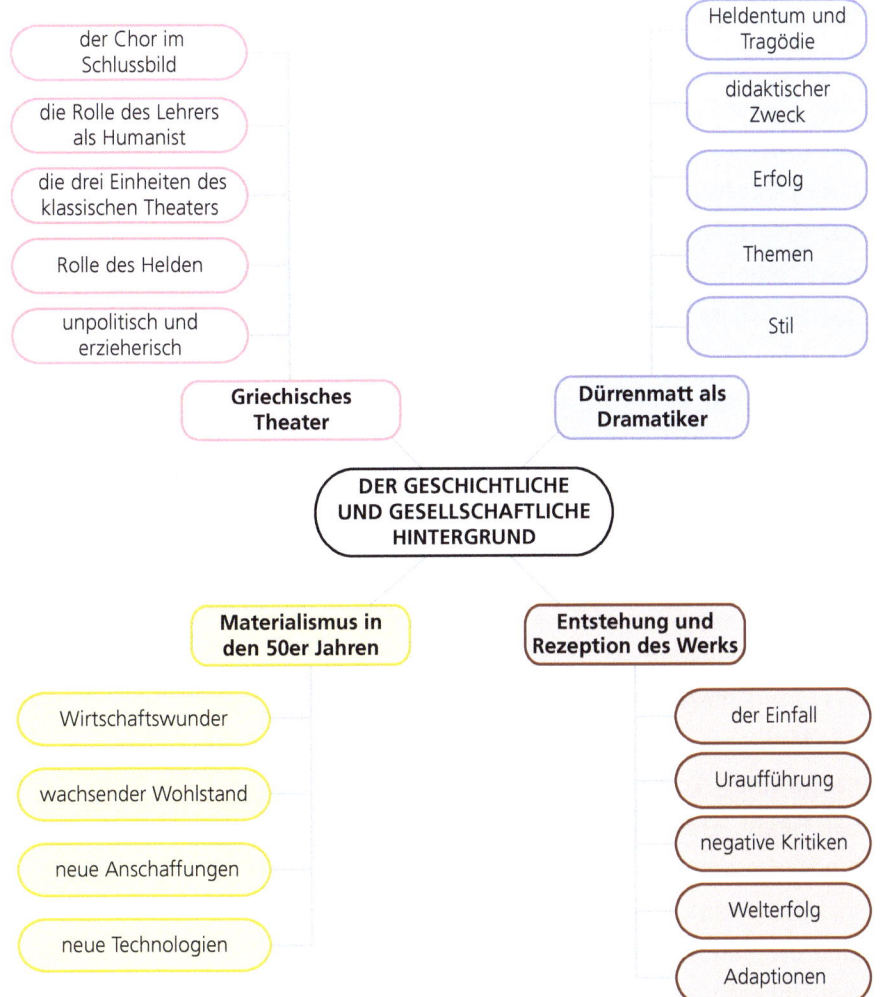

Vokabeln

anschaffen to acquire
aufführen to perform (on stage)
bestimmen to determine
bühnenatmosphärisch dramatically effective
zum Denken anregen to cause to think
der Einfall idea
die Entstehung origin, genesis
der Erfolg success
die Freiheit freedom
das Gemälde picture, painting
die Gewalt violence
das Handeln conduct, actions
die Handlung action, plot
der Held hero
das Heldentum heroism
der Lebensstil lifestyle
die Lüge lie, falsehood
die Macht power
die Mondfinsternis lunar eclipse
der Mut courage
nachahmen to copy
das Recht justice, righteousness
die Rede speech
das Schicksal fate
sich umwandeln to transform
das Unrecht injustice
unvereinbar irreconcilable
der Verfremdungseffekt alienation effect
die Vergangenheit past
vergleichen to compare
verkörpern to embody, to symbolise
die Wahrheit truth
die Werte (pl) values
der Zweck purpose
zynisch cynical

3 Scene summaries

Erster Akt

Auf dem Bahnhof

Trotz der noblen Vergangenheit der Stadt Güllen ist die Stadt ruiniert und alles wird **gepfändet**. Die Einwohner bereuen ihre deprimierende Existenz in einer Kleinstadt, wo keine Züge mehr halten. Jedoch gibt es eine Hoffnung. Die reichste Frau der Welt, Claire Zachanassian, früher Kläri Wäscher genannt, wird ihre alte Heimat besuchen. Der Bürgermeister und die Einwohner setzen ihre Hoffnung auf Alfred Ill, der mit Claire befreundet war, als sie jung waren. Er erinnert sich an ihre **bezaubernde** Gestalt und erzählt von ihrer **Gerechtigkeitsliebe** und ihrem Sinn für **Wohltätigkeit**. Das scheint alles vielversprechend für die Stadt. Wenn die Milliardärin Geld in ihre Heimatstadt investiert, wird das **Elend** enden. Die Vorbereitungen auf die Ankunft der Dame werden unerwartet unterbrochen, als ein Zug am Bahnhof anhält.

pfänden to impound
bezaubernd enchanting
die Gerechtigkeitsliebe love of justice
die Wohltätigkeit charity
das Elend misery

TASK

1 Erforschen Sie den Namen Zachanassian. Warum hat Dürrenmatt diesen Nachnamen für seine Titelfigur gewählt?

Activity

1 Sind diese Sätze RICHTIG oder FALSCH?
  1 Das Bühnenbild vermittelt einen schlechten Eindruck von der Stadt.
  2 Alle wichtigen Züge halten in Güllen.
  3 Die Milliardärin spendet selten Geld für gute Zwecke.
  4 In der Vergangenheit war Güllen eine wichtige europäische Stadt.
  5 Der Pfändungsbeamte aus Kaffigen will die Milliardärin willkommen heißen.
  6 Die Stadt hat genug Geld, um das Münster zu beleuchten.
  7 Der Bürgermeister versteht nicht, warum die Stadt ruiniert ist.
  8 Die vier Männer übernehmen die Verantwortung für die schlechte Situation.
  9 Alfred Ill erinnert sich sehr gut an Claire als Jugendliche.
  10 Der Bürgermeister will einen rührenden Empfang für Claire organisieren.

DER BESUCH DER ALTEN DAME

Claires Ankunft

▲ Die Schauspielerin Maria Schell als Claire Zachanassian in einer TV-Verfilmung des Stücks

die Notbremse communication cord

riesig enormous

beunruhigen to unsettle

das Gefolge entourage

der Sarg coffin

Aus dem Zug steigt eine alte Dame, die sich bald als die Milliardärin zu erkennen gibt. Der Zugführer regt sich auf, da sie die **Notbremse** gezogen hat. Doch bald ändert sich seine Stimmung, als sie ihm eine **riesige** Geldsumme spendet. Als sie Alfred Ill erblickt, scheint sie ihm gegenüber noch starke Gefühle zu haben. Sie **beunruhigt** die Anwesenden am Bahnhof mit ihren seltsamen Fragen und dadurch, dass sie ein witziges **Gefolge** bei sich hat, darunter einen Butler, zwei Gangster und ihren siebten Gatten. Alle tragen ähnliche Namen, die sich reimen. Die Beunruhigung der Güllener wächst, als sie entdecken, dass Claire außer ihrem Gepäck auch einen **Sarg** nach Güllen gebracht hat.

3 Scene summaries

Activity

2 Vervollständigen Sie diese Satzanfänge mit einem passenden subordinativen Satz.
  1 Von ihrem Aussehen wissen wir, dass ...
  2 Der Zugführer regt sich auf, weil ...
  3 Claire gibt dem Zugführer viel Geld, damit ...
  4 Der Gatte VII erinnert Claire daran, dass ...
  5 Die Anwesenden hören die Rede des Bürgermeisters nicht, da ...
  6 Claire bemerkt an Ills Aussehen, dass ...
  7 Claire musste eine Bein-Prothese bekommen, nachdem ...
  8 Claire fragt den Polizisten, ob ...
  9 In Bezug auf Claires seltsame Fragen glaubt Ill, dass ...
  10 Der Konradsweilerwald ist für Claire wichtig, weil ...

Koby und Loby

▲ Der Polizist mit Koby und Loby in einer Inszenierung des Stücks aus dem Jahr 2008

Nachdem die Milliardärin mit ihrem Gefolge den Bahnhof verlassen hat, bleibt der Polizist **kopfschüttelnd** zurück. Plötzlich **erscheinen** zwei kleine, dicke Männer, die anscheinend zum Gefolge der alten Dame gehören. Sie haben auch die gleichen, sich reimenden Namen, Koby und Loby. Obwohl sie blind sind, **erkennen** sie sofort an seinem Tonfall, dass sie mit einem Polizisten sprechen. Dieser ist **verdutzt** über das kuriose Verhalten der zwei Männer. Sie sprechen immer zusammen, als wären sie Zwillinge, haben leise **Stimmen** und machen sich darüber lustig, dass er sie für Männer hält. Der Polizist nimmt die beiden an der Hand und führt sie in die Stadt.

kopfschüttelnd shaking his head
erscheinen to appear (on stage)
erkennen to recognise
verdutzt baffled
die Stimme voice

DER BESUCH DER ALTEN DAME

Activity

3 Vervollständigen Sie diesen Absatz mit den Wörtern aus dem Kasten unten.

Während der Polizist den Verkehr **1**.........., *erscheinen zwei kleine dicke Männer, die zu Claires* **2**.......... *gehören. Weil sie Güllen an dem* **3**.......... *der Luft erkennen, deutet dies an, dass sie die Stadt schon kennen. Der Polizist, der diese zwei Personen sehr* **4**.......... *findet, will sie zum Goldenen Apostel* **5**.........., *wo Claire Zachanassian* **6**.......... *wird. Sie würden den* **7**.......... *allein nicht finden, weil sie blind sind. Sie wissen, dass sie mit einem Polizisten sprechen, weil er einen* **8**.......... *Tonfall hat. Obwohl er diese zwei Männer sehr seltsam findet,* **9**.......... *der Polizist über sie und meint, sie hätten als Ausländer einfach einen komischen* **10**.......... *für Humor.*

bestimmten	merkwürdig
Sinn	regelt
Geruch	führen
Weg	lacht
untergebracht	Gefolge

TASK

2 Koby und Loby spielen eine kleine aber wichtige Rolle in dem Stück. Machen Sie Notizen zu ihrem Hintergrund und zu ihrer Rolle in dem Stück. Wie beurteilen sie ihre Behandlung durch Claire Zachanassian?

Im Goldenen Apostel

Der Bürgermeister und der Lehrer sitzen zusammen im Goldenen Apostel, dem Hotel, wo Claire untergebracht wird. Sie wundern sich über die **Gegenstände**, die sie mitgebracht hat. Nicht nur der Sarg ist beunruhigend, sondern auch ein schwarzer Panther in einem **Käfig**. Trotzdem sind sie **selbstzufrieden** und meinen, dass es ihnen mit Hilfe von Alfred Ill gelingen wird, sie dazu zu überreden, die Stadt zu retten. Jedoch beschreibt der Lehrer die alte Dame als eine groteske Erscheinung. Sie erinnert ihn an eine griechische **Schicksalsgöttin** und er erkennt, dass sie alle Männer mit einer gewissen Missachtung behandelt. Für ihn als gebildeten Mann **verkörpert** sie die „antike Größe", die er immer wieder in seinem Unterricht beschrieben hat.

der Gegenstand object

der Käfig cage

selbstzufrieden smug

die Schicksalsgöttin goddess of destiny

verkörpern to embody

3 Scene summaries

> **GRADE BOOSTER**
>
> When you are analysing the play, it is important to think about the way in which the characters speak. For example, the teacher often makes references to classical mythology. It is important to refer to this in an analysis of his character.

Activity

4 Vervollständigen Sie die folgenden Sätze mit einem richtigen bestimmten oder unbestimmten Artikel.
   1 Der Bürgermeister wundert sich über .... Käfig, den Claire mitgebracht hat.
   2 Er ist der Meinung, dass Claire exzentrisch sein kann, weil sie .... weltberühmte Dame ist.
   3 Die Männer meinen, dass .... alte Größe Güllens zurückkommen wird.
   4 Der Lehrer vergleicht Claire mit .... griechischen Schicksalsgöttin.
   5 Der Polizist hat Ill und Claire in .... Peterschen Scheune beobachtet.
   6 Er fand .... Szene rührend.
   7 Claire wird in .... Sänfte zum Konradsweilerwald getragen.
   8 Der Polizist versteht nicht die Bedeutung .... zwei dicken Männer.
   9 Sie beschreiben das Verhältnis zwischen Ill und Claire als .... shakespearisches Trauerspiel.
   10 Sie trinken auf Ill, weil er jetzt .... wichtigste Bürger der Stadt ist.

Im Konradsweilerwald

Im Wald findet Claire ein Herz mit ihrem und Ills Namen darauf. Die zwei ehemaligen **Liebhaber** erinnern sich an ihre Vergangenheit und **vergleichen** ihr Leben. Während Ill ein einheimisches Mädchen geheiratet hat und Ladenbesitzer geworden ist, hat Claires Leben eine andere weniger normale Richtung genommen. Ihr erster Mann hat sie nämlich aus einem Bordell in Hamburg gerettet. Seit der Zeit führt sie ein luxuriöses Leben und hat alles, was sie braucht. Entsetzt erfährt Ill auch, dass sie einen Flugzeugabsturz **überlebt** hat und seitdem einige **Prothesen** hat. Trotzdem scheint alles gut zu gehen. Claire verspricht ihm, dass sie ihre Heimat nicht **im Stich lassen** wird.

der Liebhaber lover
vergleichen to compare
überleben to survive
die Prothese artificial limb
im Stich lassen to let down, to leave in the lurch

DER BESUCH DER ALTEN DAME

Key quotation

Ill: *Ich lebe in einer Hölle, seit du von mir gegangen bist.*

Claire Zachanassian: *Und ich bin die Hölle geworden.*

(Erster Akt)

▲ Lauren Bacall und Joss Ackland in einer Inszenierung des Stücks aus dem Jahr 1995

Activity

5 Wählen Sie die jeweils richtige Antwort.
   1 Der Konradsweilerwald ist …
      a abgeholzt
      b neu gepflanzt
      c überwuchert
   2 Das Herz mit Claires und Ills Namen darauf ist …
      a neu geschnitten
      b schwer zu lesen
      c nicht mehr zu finden
   3 Im Wald will Claire …
      a mit ihrem Gatten plaudern
      b ganz allein sein
      c Zeit mit Ill verbringen
   4 Der Butler bringt Claire …
      a eine Zigarre
      b ein Getränk
      c einen Besucher
   5 Ill erzählt Claire, dass sein Leben ohne sie …
      a schwierig ist
      b besser ist
      c erfolgreich ist

3 Scene summaries

6 Claire findet Weltreisen …
  a aufregend
  b uninteressant
  c nutzlos
7 Ill nennt Claire „Wildkätzchen", weil …
  a sie wie eine Katze aussieht
  b das ihr Kosename war
  c er sie liebt
8 Ill findet die Szene im Wald …
  a genau wie früher
  b schöner als früher
  c nicht so schön wie früher
9 Claire hat den Flugzeugabsturz in Afghanistan …
  a verursacht
  b gesehen
  c überstanden
10 Koby und Loby meinen, dass man Claire …
  a nicht hören kann
  b nicht töten kann
  c nicht verstehen kann

Claires Angebot

Im Goldenen Apostel sammelt sich die ganze **Gemeinde**, um Claire willkommen zu heißen. Immer wieder stellt sie unverständliche Fragen an die wichtigen Figuren der Stadt. Der Bürgermeister hält eine lange Rede, in der er Claires Sinn für Wohltätigkeit lobt. Allerdings **schildert** sie ihre jugendlichen Taten in einfacheren Worten. Daraufhin erstaunt sie die Güllener mit einem Angebot von einer Milliarde, **verteilt** auf die Stadt und auf jede einzelne Familie. Die Güllener schreien und **jubeln**. Doch unterbricht Claire ihre Freunde und nennt ihre Bedingung. Sie werden das Geld erhalten, erst wenn jemand Alfred Ill tötet. Dieser versteht das zunächst als **Witz**.

Claire ruft ihren Butler hervor. Ein ehemaliger Oberrichter in Güllen, erzählt er ihre Geschichte. Als sie als Jugendliche durch Alfred Ill schwanger wurde, wollte er seine **Verantwortung** für die Schwangerschaft nicht akzeptieren und hat zwei Zeugen **bestochen**. Die zwei Männer, die Claire jetzt in ihrem Dienst hat, haben geschworen, dass sie mit Claire geschlafen hätten. Sie wurde von der Stadt weggeschickt und in ein Leben als Prostituierte **gezwungen**. Jetzt ist sie zurückgekommen, um Gerechtigkeit zu **verlangen**. Die Güllener sind **entsetzt** und der Bürgermeister lehnt **empört** ihr Angebot ab. Mit Claires schlichten, ominösen Worten „Ich warte" endet der erste Akt.

die Gemeinde community

schildern to portray

verteilt distributed
jubeln to rejoice

der Witz joke

die Verantwortung responsibility
bestechen to bribe
zwingen to force
verlangen to demand
entsetzt horrified
empört indignantly

DER BESUCH DER ALTEN DAME

Build critical skills

1 Beschreiben Sie die unterschiedlichen Reaktionen der Güllener in der letzten Szene des ersten Akts. Hat der Bürgermeister Recht mit der Behauptung, die Güllener seien keine Heiden? Warum sagt Claire am Ende einfach „Ich warte"?

Activity

6 Wenn man den Inhalt des Stücks beschreibt, muss man meistens das Präsenz benutzen. Formulieren Sie die folgenden im Perfekt geschriebenen Sätze in das Präsenz um, damit sie dem Inhalt von der letzten Szene im ersten Akt entsprechen.
   1 Claire hat den Turner wegen seines kräftigen Körpers gelobt.
   2 Claires Fragen sind dem Arzt eigenartig vorgekommen.
   3 Claire hat sich von ihrem Gatten scheiden lassen.
   4 Die Worte des Bürgermeisters haben sich bombastisch angehört.
   5 Claire hat der Gemeinde eine Milliarde versprochen.
   6 Um Gerechtigkeit zu kaufen, hat Claire eine Bedingung genannt.
   7 Der Butler hat erklärt, warum die Vaterschaftsklage gescheitert ist.
   8 Claire hat gemeint, sie könnte sich die Gerechtigkeit leisten.
   9 Der Bürgermeister hat das Angebot abgelehnt.
   10 Claire hat die Güllener in Versuchung geführt.

Zweiter Akt

Claire auf ihrem Balkon

GRADE BOOSTER

When you write your exam essay remember that you are writing about a piece of theatre. Always consider the effect of how scenes are placed in the play. Throughout Act II, Claire observes the proceedings from the comfort of her hotel balcony — almost like a bird of prey.

beobachten to observe
plaudern to chat
der Schauspieler actor
sittlich moral
entwichen escaped

Den zweiten Akt verbringt Claire auf einem Balkon ihres Hotelzimmers und **beobachtet**, was in der Stadt vorgeht. Nachdem sie ihre Prothesen montiert hat, hört sie Musik, raucht Zigarren, organisiert ihre Finanzen und **plaudert** mit ihrem achten Gatten. Sie ist inzwischen geschieden und hat schnell wieder geheiratet. Der Gatte VIII, ein **Schauspieler**, langweilt sich in der Kleinstadt, wo nichts zu passieren scheint. Seiner Meinung nach fehlt es hier an **sittlicher** Größe und Tragik. Die Ruhe des Tages wird gestört, als man Schüsse hört. Der Butler versichert Claire, dass die Stadtbewohner den **entwichenen** schwarzen Panther erschossen haben.

3 Scene summaries

▲ Claire mit dem Butler und dem gitarrenspielenden Gangster auf dem Balkon

Activity

7 Lesen Sie die kurze Szene im zweiten Akt, in der Claire spricht. Bringen Sie die folgenden Sätze in die richtige Reihenfolge, um den Verlauf der Handlung zu beschreiben.
  1 Claire genießt die erste Zigarre des Tages.
  2 Claire liest einen Brief von einem ehemaligen Gatten.
  3 Der Butler bringt Claire ihr linkes Bein.
  4 Claire lässt Gatten VIII wecken.
  5 Claire erfährt vom Tod des schwarzen Panthers.
  6 Claire verlangt das Lieblingslied ihres ersten Mannes.
  7 Claire und Gatte VIII hören den schwarzen Panther fauchen.
  8 Claire trinkt Whisky zum Frühstück.
  9 Gatte VIII langweilt sich in der Kleinstadt.
  10 Gatte VIII bewundert den idyllischen Rathausplatz.

Ills Laden

Build critical skills

2 Die Güllener wundern sich im ersten Akt über den Sarg, den Claire mitbringt. Welche Gegenstände erscheinen hier, die mit dem Sarg verbunden sind? Warum bringt Claire diese Sachen mit? Was für eine Wirkung haben sie?

DER BESUCH DER ALTEN DAME

eingeschüchtert intimidated

erbärmlich pitiful

abtun to dismiss

der Kunde customer

allmählich gradually

Der neue Tag fängt ruhig an und Ill fühlt sich nicht **eingeschüchtert**, sondern von den Güllenern unterstützt. Trotz der **erbärmlichen** wirtschaftlichen Situation in der Stadt ist er mit seinem Leben zufrieden. Er **tut** Claires Anklage lachend **ab**. Schließlich war es nur ein Jugendstreich, ein Fehler, den er vor vielen Jahren gemacht hat. Bald aber ändert sich seine Laune, als seine **Kunden** anfangen, teurere Waren in seinem Geschäft zu kaufen, ohne dafür bezahlen zu können. Sie wollen alles aufschreiben und Kredit bei ihm aufbauen. Entsetzt bemerkt er **allmählich**, dass alle neue gelbe Schuhe anhaben. Mit den Worten „Womit wollt ihr zahlen?" stürzt Ill aus seinem Laden, um Hilfe bei den Behörden zu suchen.

Activity

8 Verbinden Sie die zwei Sätze mit einem Relativsatz, zum Beispiel:
Ill arbeitet in seinem Laden. Er sieht zu, wie Kränze ins Hotel geliefert werden.
Ill, der in seinem Laden arbeitet, sieht zu, wie Kränze ins Hotel geliefert werden.

1 Ills Frau liegt oben in ihrem Zimmer. Sie kommt nicht zum Frühstück.
2 Ill hat einen Sohn und eine Tochter. Er lobt seine Kinder.
3 Der erste Kunde raucht normalerweise billige Zigaretten. Er verlangt eine teurere Marke.
4 Koby und Loby gehen gerade fischen. Sie wünschen Ill einen guten Morgen.
5 Ills Kunden bezahlen normalerweise mit Bargeld. Sie lassen heute alles aufschreiben.
6 Der Kognak ist teuer. Helmesberger kauft ihn.
7 Luise läuft an dem Ladenfenster vorbei. Ihr Verhalten schockiert die zwei Frauen.
8 Ill fühlt sich eingeschüchtert. Die Kunden wollen Kredit von ihm.

Ill und der Polizist

die Verhaftung arrest

glaubwürdig believable

die Macht power

versehentlich accidentally

sich etwas [genitive] **bewusst sein** to be conscious of something

Zuerst besucht Ill den Polizisten, um die **Verhaftung** seiner Anklägerin zu verlangen. Allerdings bleibt der Polizist kühl und nüchtern. Er kann die Dame nicht verhaften, weil sie nichts Illegales gemacht hat. Außerdem ist ihr Angebot nicht ernst zu nehmen, da die genannte Geldsumme zu groß ist, um **glaubwürdig** zu sein. Laut dem Polizisten hat Ill nichts zu fürchten und er soll sich über das Aufblühen seines Geschäfts freuen. Ill erkennt in dieser Szene, dass Claires **Macht** zu groß ist. Auch der Polizist hat einen neuen teuren Goldzahn im Mund und neue gelbe Schuhe an. Als der Polizist sein Gewehr lädt, richtet er es **versehentlich** auf Ill und erklärt, dass er den schwarzen Panther jagen muss. Ill ist sich der Bedeutung dieses Symbols völlig **bewusst**.

3 Scene summaries

Activity

9 Verbinden Sie die Satzteile, damit sie den Inhalt der Szene auf der Polizeiwache beschreiben.

1 Der Polizist bemerkt sofort …
2 Ill verlangt …
3 Laut Ill hat der Polizist …
4 Der Polizist fühlt sich …
5 Ill bewertet Claires Vorschlag als …
6 Laut dem Polizisten ist Claires Vorschlag …
7 Der Polizist bezweifelt …
8 Der Polizist handelt genau wie …
9 Ill macht sich Sorgen um …
10 Das Gewehr ist nicht für Ill gemeint, sondern für …

A … eine Anstiftung zum Mord.
B … die Festnahme der alten Dame.
C … den schwarzen Panther.
D … an die Gesetze gebunden.
E … die anderen Güllener.
F … keine ernste Sache.
G … Ills zitternde Hände.
H … die zunehmenden Schulden.
I … die Logik von Ills Argument.
J … eine Pflicht zu handeln.

Ill und der Bürgermeister

Im Stadthaus **trifft** Ill auch **auf Widerstand**. Der Bürgermeister, der einen neuen Bauplan an der Wand hat, will Ills Forderungen nicht hören. Er erinnert ihn daran, dass er gewissermaßen schuldig ist, weil er die Verantwortung für Claires frühes Elend tragen muss. Dass Ill sich **bedroht** fühlt, interessiert ihn auch nicht: der Revolver, den er bei sich hat, dient nur als **Schutz** gegen den entwichenen Panther, der in der Stadt lauert. Während er Ill seine Freundschaft versichert, erklärt er auch, dass Ill nicht mehr in der Lage ist, sein Nachfolger als Bürgermeister zu werden. Sobald Ill ihm den Namen eines Mörders geben kann, wird er diese Person in Haft nehmen. **Verzweifelt** sieht Ill ein, dass alle Güllener seinen Tod wollen und erwarten, dass einer unter ihnen es tun wird. Er fühlt sich schon **zum Tode verurteilt**.

auf Widerstand treffen to meet with resistance

bedroht threatened
der Schutz protection

verzweifelt desperately
zum Tode verurteilt condemned to death

Key quotation

Keiner will mich töten, jeder hofft, daß es einer tun werde, und so wird es einmal einer tun.
(Alfred Ill, Zweiter Akt)

DER BESUCH DER ALTEN DAME

Activity

10 Ergänzen Sie diese Sätze mit der richtigen Präposition aus dem Kasten unten.
1. Ill gerät .... immer größere Isolation.
2. Er will seine kritische Situation .... dem Bürgermeister besprechen.
3. Ill fürchtet sich .... dem steigenden Wohlstand.
4. Der Bürgermeister schlägt vor, dass sich Ill .... die Polizei wenden soll.
5. Er weist .... Ills sündhaftes Verhalten hin.
6. Laut ihm besitzt Ill nicht die richtigen Charaktereigenschaften .... die Rolle des Bürgermeisters.
7. Ill sollte am besten .... seine Situation schweigen.
8. Der Bürgermeister meint, Ill wird .... niemandem bedroht.
9. Er protestiert .... Ills Verdächtigungen.
10. Der neue Stadtplan .... der Wand beweist die Gefahr für Ill.

von	vor
mit	gegen
an	über
auf	an
in	für

Ill und der Pfarrer

In der Sakristei bereitet sich der Pfarrer auf die Messe vor, allerdings mit einem Gewehr umgehängt. Er versucht Ill zu **trösten**, doch klingen seine Worte leer und **scheinheilig**. Auch er beschreibt Ills frühere Taten als eine Sünde, für die er **büßen** muss. Er rät Ill, an die Unsterblichkeit seiner Seele zu denken anstatt an die materiellen **Anschaffungen** seiner Mitbürger. Jedoch wird der Pfarrer auch als schwacher Mensch entlarvt, als seine neue Glocke im Kirchturm tönt. Mit aller Kraft umarmt er Ill und bittet ihn darum, aus der Stadt zu fliehen. Die **Versuchung** des Geldes ist für ihn und die Güllener zu groß. In dem Moment hört man zwei Schüsse. Der schwarze Panther ist tot.

trösten to console

scheinheilig hypocritical

büßen für to atone for

Anschaffungen acquisitions

die Versuchung temptation

Build critical skills

3 Die tonende Glocke ist ein wichtiges Symbol in diesem Werk. Was bedeutet sie für die Güllener?

Activity

11 Beantworten Sie diese Fragen auf Deutsch.
1. Wie zeigt Dürrenmatt symbolisch, dass der Pfarrer scheinheilig ist?
2. Wie wird Ill mit dem schwarzen Panther verglichen?
3. Wie schafft Dürrenmatt eine Atmosphäre der Bedrohung während dieser Szene?

3 Scene summaries

4 Wie reagiert der Pfarrer zuerst auf Ills Ängste?
5 Welche Worte benutzt Ill, um seine Angst zu beschreiben?
6 Laut dem Pfarrer, was ist der Unterschied zwischen Ill und den Güllenern?
7 Was sollte Ill am meisten bedenken?
8 Wann wird Ill während des Gesprächs angsterfüllt?
9 Was ist die Bedeutung der neuen Glocke?
10 Warum soll Ill fliehen, laut dem Pfarrer?

Auf dem Bahnhof

Am Bahnhof sieht man auch jetzt die Zeichen des neuen **Wohlstands** in der Stadt. Hier erscheint Ill mit seinem Koffer. Er **beabsichtigt**, Güllen zu verlassen. Auf dem Bahnhofsgelände begegnen ihmß der Bürgermeister und die anderen Güllener. Als er zugibt, dass er nach Australien **auswandern** will, erinnert ihn der Lehrer daran, dass auch einer der zwei kleinen Männer nach Australien ausgewandert war. Dort wird er also keine **Zuflucht** finden. Die Güllener, die jetzt alle mit einer Stimme sprechen, versprechen ihm, dass niemand ihn töten will. Allerdings sieht Ill nur ihre neuen Kleider und den wachsenden Wohlstand in der Stadt. Obwohl sie ihm eine gute Reise wünschen, drängen sie sich um Ill und **verhindern**, dass er in den Zug steigt. Ill bricht zusammen und gesteht „Ich bin verloren!"

der Wohlstand prosperity
beabsichtigen to intend
auswandern to emigrate
die Zuflucht refuge

verhindern to prevent

Activity

12 Ergänzen Sie die folgenden Sätze mit der richtigen Form des trennbaren Verbs in Klammern.
 1 Der Bahnhof .... jetzt gepflegter .... (*aussehen*)
 2 Ill geht zum Bahnhof, um von der Stadt .... (*wegfahren*)
 3 Am liebsten würde er nach Australien .... (*auswandern*)
 4 Einer der beiden Eunuchen wurde in Australien .... (*auffinden*)
 5 Ill hat Angst, dass jemand ihn .... wird. (*umbringen*)
 6 Er erwähnt immer wieder, dass die Güllener neue Sachen .... haben. (*anschaffen*)
 7 Als der Zug .... , stehen sie dicht neben Ill. (*ankommen*)
 8 Sie wollen nicht, dass er in den Zug .... (*einsteigen*)
 9 Ill glaubt, dass er von den Güllenern .... wird. (*zurückhalten*)
 10 Es gelingt ihm nicht in den Zug .... (*einsteigen*)

TASK
3 Am Ende des zweiten Akts hat Ill einen Tiefpunkt erreicht. Was hat ihn dazu gebracht? Inwiefern haben Sie Mitleid mit ihm?

DER BESUCH DER ALTEN DAME

Dritter Akt
In der Peterschen Scheune

> **GRADE BOOSTER**
>
> It may be important to refer to the stage directions in your exam essay. For example, in the stage directions here, Dürrenmatt draws parallels between the grotesque figure of Claire in her white wedding dress in the decaying surrounding of the barn with the figure of Miss Havisham in Dickens' *Great Expectations*.

▲ Kerstin Meyer als Claire mit Derek Hammond-Stroud als der Lehrer in der Oper von Gottfried von Einem, Glyndebourne, 1973

die Scheune barn

der Vorschlag suggestion

sich rächen to take revenge

entscheiden to decide

unklar ambiguous

Claire sitzt ruhig im Brautkleid in der Peterschen **Scheune**. Dort besuchen sie der Arzt und der Lehrer, um über die kritische Situation in der Stadt zu sprechen. Sie machen ihr den **Vorschlag**, ihr Geld in Güllens Industrie zu investieren, damit die Stadt wieder aufblühen kann. Leider erfahren sie, dass Claire schon alles in Güllen besitzt und dass sie die Stadt hat heruntkommen lassen. Der Lehrer vergleicht Claire mit Medea. Anstatt sich an Alfred Ill zu **rächen**, soll sie menschlicher handeln. Aber Claires Bitterkeit liegt zu tief. Sie wird ihr Angebot nicht zurücknehmen: die Güllener sollen **entscheiden**, wie die Situation weitergeht. Mit **unklaren** Worten über ihr Gewissen verlassen der Lehrer und der Arzt die Scheune.

3 Scene summaries

▲ Medea tötet ihre eigenen Kinder aus Rache, weil ihr Geliebter sie betrogen hat

Activity

13 Welche fünf der folgenden Sätze entsprechen dem Inhalt dieser Szene am besten?
   1 Nach ihrer neuesten Hochzeit ist Claire ziemlich erschöpft.
   2 Die Atmosphäre in der Scheune ist angenehm.
   3 Die Hochzeit war eine kleine private Affäre.
   4 Der Lehrer empört sich über Claires Frage, ob Ill schon tot ist.
   5 Der Lehrer sieht sich als eine wichtige sittliche Figur in der Gemeinde.
   6 Alle Industrien in Güllen gehören schon der Milliardärin.
   7 Laut Claire haben der Arzt und der Lehrer ein sinnvolles Leben geführt.
   8 Claire hat erst neulich beschlossen, nach Güllen zurückzukommen.
   9 Der Lehrer fleht vergebens um Claires Hilfe.
   10 Ihre Arbeit im Bordell hat Claire gefallen.

DER BESUCH DER ALTEN DAME

Ills Laden

die Ereignisse events

unter dem Anschein under the pretence

öffentlich public

der Schuft rascal, villain

das Gemälde portrait

Inzwischen freuen sich die Güllener über die **Ereignisse** in der Stadt, vor allem über Claires Hochzeit im Münster. Während sich Ill in sein Zimmer zurückgezogen hat, führt seine Frau das Geschäft. **Unter dem Anschein**, sich für Ill zu interessieren, bewachen sie die Tür zu seiner Wohnung, damit er ihnen nicht entfliehen kann. Die **öffentliche** Meinung hat sich jetzt geändert: auch Ills Frau betrachtet ihren Ehemann als einen **Schuft**, der ein unschuldiges Mädchen ins Elend gestürzt hat. In den Laden kommen der Lehrer, der sich besaufen will, und der Maler, der ein **Gemälde** von Alfred Ill mitbringt. Im Zimmer oben hört man Ill, wie er auf und ab geht. Die Güllener halten zusammen und beschließen, der Presse nichts zu sagen.

Activity

14 Ergänzen Sie diese Satzanfänge mit einem entsprechenden Infinitivsatz.
1 Der Erste kommt in Ills Laden, um …
2 Was ihren Mann betrifft, versucht Frau Ill, …
3 Vor der Presse hofft der Erste, …
4 Im Laden beschließt der Erste, …
5 Der Lehrer hat vor, …
6 Der Lehrer trinkt wahrscheinlich zu viel, um …
7 Die Journalisten in der Stadt hoffen wahrscheinlich, …
8 Der Maler kommt in den Laden, um …
9 Frau Ill wird das Gemälde aufhängen, um …
10 Am Ende dieser Szene beschließen die Güllener, …

Die Presse

das Verhältnis relationship

mittlerweile meanwhile

das Beil axe

auf einmal suddenly

nüchtern sober

Die Tür des Ladens geht auf und zwei Pressemänner kommen herein. Sie wollen Fragen stellen über das **Verhältnis** zwischen Claire, Alfred Ill und seiner Frau. Draußen werden Koby und Loby von den zwei Gangstern weggeführt, weil sie der Presse etwas von der Vergangenheit erzählt haben. Der Lehrer, der **mittlerweile** betrunken ist, erhebt sich und will den Güllenern vor einer Katastrophe warnen. Damit er nichts erzählt, schlägt ihm der Maler das Bild über den Kopf. Die Tür geht auf und Alfred Ill tritt ein. Er ist jetzt ruhiger geworden und erlaubt sogar, dass ein Foto von ihm mit einem **Beil** in der Hand gemacht wird. Der Lehrer erzählt Ill, dass jemand ihn töten wird. **Auf einmal** plötzlich wieder **nüchtern** erzählt er auch, dass er mitmachen wird, weil die Versuchung des Geldes zu groß ist. Mit einer weiteren Flasche Schnaps verlässt er den Laden. Auch er macht bei Ill Kredit.

3 Scene summaries

Activity

15 Finden Sie in dieser Szene Sätze mit der gleichen Bedeutung.
1. Anscheinend war Claire Ills zweite Wahl als Freundin.
2. Wir können uns die Liebesaffäre selber ausmalen.
3. Was Sie sagen, ist eine exakte Beschreibung der Ereignisse.
4. Man braucht mehr als Reichtum für ein gutes Leben.
5. Mit meinem Mann und unseren Kindern besprechen wir alles.
6. Ich will laut sagen, genau was hier passiert.
7. Es kommt eine furchtbare Katastrophe in dieser Stadt.
8. Du bist ein Schuft und sagst kein wahres Wort.
9. Letztendlich bin ich für alles verantwortlich.
10. Nächstenliebe hilft mir nicht mehr.

Key quotation

Man wird Sie töten. Ich weiß es, von Anfang an, und auch Sie wissen es schon lange, auch wenn es in Güllen sonst niemand wahr haben will. Die Versuchung ist zu groß und unsere Armut zu bitter.

(Der Lehrer, Dritter Akt)

TASK

4 Die Pressemänner treten hier zum ersten Mal auf. Warum waren sie nicht die ganze Zeit in Güllen? Wie werden die Mitglieder der Medien hier und in späteren Szenen dargestellt?

Ill und seine Familie

In seinem jetzt **neu ausgestatteten** Laden unterhält sich Ill mit seinen zwei Kindern und seiner Frau. Er akzeptiert ihre neuen Interessen – Tennisstunden für die Tochter und einen neuen Wagen für den Sohn. Auch der neue **Pelzmantel** seiner Frau ist für ihn keine große **Überraschung**. Als Ill einen gemeinsamen Familienausflug in dem neuen Wagen vorschlägt, sind die Familienmitglieder zuerst etwas **unsicher**, aber der Familienvater besteht darauf, als ob er sein **Schicksal** jetzt akzeptiert hätte. In dem Wagen genießt er die Landschaft, die er sein ganzes Leben lang gekannt hat, als ob er sie zum ersten Mal sehen würde.

neu ausgestattet newly reburbished
der Pelzmantel fur coat
die Überraschung surprise
unsicher uncertain
das Schicksal fate

Activity

16 Übersetzen Sie den folgenden Absatz ins Deutsche.

In Act III, it becomes clear that Ill's family have already deserted him. They too have accrued debts. Mrs Ill is proud of her fur coat, the daughter is taking tennis lessons and the son even has a new car. However, Ill can now accept that the temptation is too great for them and he takes a trip in the Opel with them. His mood is now reflective and he is resigned to his fate.

Build critical skills

4 Wie wird Ills Familie dargestellt? Warum ist es wichtig, dass wir sehen, wie sie ihn verlassen?

DER BESUCH DER ALTEN DAME

Das Angebot des Bürgermeisters

die Gemeinde-versammlung town meeting

besprechen to discuss

Selbstmord begehen to commit suicide

die Zwangslage predicament

die Tat deed

Der Bürgermeister besucht Ill in seinem Laden. Er bringt ein Gewehr mit und schlägt vor, dass Ill sich selbst töten sollte. Heute Abend wird es eine **Gemeindeversammlung** im Goldenen Apostel geben, bei der die Güllener ihre schwierige Situation **besprechen** werden. Es wäre für alle einfacher, wenn Ill **Selbstmord begehen** würde. Das wäre schließlich ein ehrwürdiges Ende für die **Zwangslage**. Jedoch lehnt Ill den Vorschlag ab. Nicht er, sondern die Güllener selbst müssen sein Richter werden und sollen dann die Konsequenzen ihrer **Tat** tragen. Der Bürgermeister lässt Ill allein mit seiner Familie.

Activity

17 Schreiben Sie diese Sätze in die passende Passivform um.
1 Die Güllener werden eine Gemeindeversammlung im Goldenen Apostel halten.
2 Man behandelt Ills Fall bei der Versammlung.
3 Nur die Eingeweihten werden den Sinn der Verhandlung verstehen.
4 Der Bürgermeister macht den Vorschlag, dass Ill sich erschießen sollte.
5 Ill lehnt den Vorschlag des Bürgermeisters ab.
6 Die Güllener haben Schulden gemacht.
7 Ill weiß, dass seine Mitbürger ihn töten werden.
8 Der Bürgermeister nimmt das Gewehr wieder weg.

Im Konradsweilerwald

die Stimmung atmosphere

zufrieden content

etwas Böses something evil

die Leiche corpse

sich verabschieden to take one's leave

Ein zweites Mal treffen sich Ill und Claire im Konradsweilerwald. Diesmal ist die **Stimmung** anders. Claire schickt ihren neunten Gatten weg, damit sie mit Ill allein sein kann. Jetzt können sie die Vergangenheit zusammen besprechen. Ill erfährt von ihrer gemeinsamen Tochter, die nur ein Jahr lang lebte. Ill weiß jetzt, dass sein Leben enden wird, dass jemand ihn töten wird. Er ist sogar ruhig und **zufrieden**, denn er hat seine Verantwortung akzeptiert. Claire dagegen erklärt, wie ihre frühere Liebe zu ihm **etwas Böses** geworden ist. Für sie wird die Geschichte erst nach seinem Tod enden. Dann wird sie seine **Leiche** in ein Mausoleum auf Capri transportieren. Das Paar **verabschiedet sich**

TASK

5 Vergleichen Sie diese Szene mit der Szene im Konradsweilerwald im ersten Akt. Welche Ähnlichkeiten und Unterschiede gibt es?

3 Scene summaries

Activity

18 Drücken Sie diese Sätze anders auf Deutsch aus, zum Beispiel:
Es kommt zu einem letzten Gespräch zwischen Ill und Claire.
Ill und Claire sprechen zum letzten Mal zusammen.
1 Sie rufen sich ihre Jugendtage in Erinnerung.
2 Ill fragt nach dem Schicksal ihres Kindes.
3 Claires Traum von einer gemeinsamen Liebe ist nie gestorben.
4 Allmählich ist Claires Liebe etwas Böses geworden.
5 Nachdem Ill gestorben ist, wird sie seinen toten Körper wegbringen.

Ills Tod

Bei der Gemeindeversammlung heißt der Bürgermeister die Gemeinde willkommen und der Lehrer ermutigt sie, das Angebot der Milliardärin anzunehmen. Er sieht es als ihre moralische **Pflicht**, ihre Bedingung zu erfüllen. Die Leute im Saal reagieren mit tosendem Beifall. Dann schwört die ganze Gemeinde einen **Eid**, das mit einem Schrei von Alfred Ill unterbrochen wird. Die Presse wird aus dem Saal gewiesen und Ill befindet sich allein mit seinen Mördern. Alles läuft wie es Claire im ersten Akt **vorhergesehen** hat: der Pfarrer versucht den Sterbenden zu trösten, der Polizist drückt ein Auge zu, der Arzt stellt einen **Herzschlag** fest. Als die Presseleute wieder in den Saal kommen, finden sie die Leiche Alfred Ills auf dem Boden liegen. Claire hat ihre **Aufgabe erledigt** und überreicht dem Bürgermeister den Scheck.

Activity

19 Zu welcher Person passt jeder Satz? Tragen Sie den richtigen Namen ein.
1 .... beschreibt die Stimmung als gespannt.
2 .... leitet die Gemeindeversammlung.
3 .... redet mit seinen Worten um den heißen Brei herum.
4 .... sagt sehr wenig.
5 .... wiederholt die Worte des Bürgermeisters bei dem Schwur.
6 .... findet Ills Schrei eindrucksvoll.
7 .... verlangt eine Zigarette.
8 .... will aus der Bibel zitieren.
9 .... wird aggressiv.
10 .... tötet Alfred Ill.

GRADE BOOSTER

You will be credited for using a wide variety of structures in your exam essay. Avoid starting every sentence in the same way. This exercise helps you to think about how to vary the syntax in your writing.

---

die Pflicht duty
der Eid oath
vorhersehen to predict
der Herzschlag heart failure
eine Aufgabe erledigen to complete a mission

Key quotation

Reichtum hat nur einen Sinn, wenn aus ihm Reichtum an Gnade entsteht: Begnadet aber wird nur, wer nach der Gnade hungert.

(Der Lehrer, Dritter Akt)

DER BESUCH DER ALTEN DAME

Der Schlusschor

bilden to form
die Bühne stage
rechtfertigen to justify
trostlos bleak
verdrängen to repress

In der letzten Szene des Stücks **bilden** die Güllener zwei Chöre wie in einer griechischen Tragödie. Die ganze **Bühne** glänzt, die Güllener tragen alle neue elegante Kleidung. Sie preisen ihren neuen Wohlstand und **rechtfertigen** ihre Tat dadurch, dass ihre Armut zu bitter und ihr Leben zu **trostlos** war. Claire Zachanassian steigt in den Zug mit dem Sarg und fährt davon. Die Güllener schauen optimistisch in die Zukunft und haben die Vergangenheit **verdrängt**.

Build critical skills

5 Wie ändert sich der Stil in dieser letzten Szene? Erforschen Sie den Gebrauch des Chors in altgriechischen Tragödien. Warum schließt Dürrenmatt das Stück mit einem griechischen Schlusschor ab?

Activity

20 Beantworten sie die folgenden Fragen auf Deutsch.
1. Wie sehen die Güllener jetzt aus?
2. Welchen Unterschied gibt es im Bühnenbild zwischen dem Anfang des Stücks und dieser letzten Szene?
3. Nennen Sie fünf Katastrophen auf der Welt, die hier erwähnt werden.
4. Wie bewerten die Güllener die Armut gegenüber diesen Katastrophen?
5. Wie äußern sich die Hauptdarsteller zu ihrer jetzigen Situation?
6. Inwiefern kann man die Züge jetzt symbolisch verstehen?
7. Wie erscheint Claire in dieser letzten Szene?
8. Welche großen Qualitäten meinen die Güllener jetzt zu haben?

Übungen

Erster Akt

Auf dem Bahnhof
1. Wie sieht der Bahnhof am Anfang des ersten Akts aus?
2. Welche Vorbereitungen werden für Claires Ankunft gemacht?
3. Warum ist Ill eine wichtige Person bei der Ankunft?

Claires Ankunft
4. Wie überrascht Claire den Zugführer?
5. Warum musste Claires Gatte seinen Namen ändern?
6. Welche seltsame Fragen stellt Claire an die Anwesenden?

Koby und Loby
7. Wie sehen Koby und Loby aus?
8. Warum findet der Polizist Koby und Loby beunruhigend?
9. Wieso könnte man schon behaupten, dass Koby und Loby Eunuchen sind?

Im Goldenen Apostel
10. Außer Gepäck, was bringt Claire nach Güllen mit?
11. Warum erwähnt der Lehrer die griechische Parze Klotho?
12. Warum gehen Ill und Claire in die Petersche Scheune?

Im Konradsweilerwald
13. Was für ein Leben führte Claire, bevor sie reich wurde?
14. Was überrascht Ill an Claires Körper?
15. Warum wird Ill aufgeregt im Laufe der Szene?

Claires Angebot
16. In welcher Hinsicht ist das erste Treffen mit dem Arzt seltsam?
17. Welchen Unterschied gibt es zwischen den Worten in der Rede des Bürgermeisters und in Claires Antwort darauf?
18. Beschreiben Sie Claires Angebot genau.
19. Was für eine Rolle spielte der Butler früher in Güllen?
20. Wie reagiert Ill auf Claires Bedingung?
21. Warum lehnt der Bürgermeister Claires Angebot ab?

Zweiter Akt

Claire auf ihrem Balkon

22 Wie verbringt Claire die Zeit auf dem Balkon im zweiten Akt?

23 Was ist mit ihrem siebten Gatten passiert?

24 Inwiefern hat der Gatte VIII Recht, als er meint, dass in Güllen nichts passiert?

Ills Laden

25 Wie wollen die Kunden für ihre Waren bezahlen?

26 Warum kommen anscheinend so viele Kunden in Ills Laden?

27 Wie hat sich die Kleidung der Güllener geändert?

Ill und der Polizist

28 Was verlangt Ill vom Polizisten?

29 Warum fühlt sich Ill von den Güllenern bedroht?

30 Woran erkennt Ill, dass auch der Polizist Schulden gemacht hat?

31 Warum trägt der Polizist ein Gewehr?

Ill und der Bürgermeister

32 Welche Zeichen des wachsenden Wohlstands bemerkt Ill beim Bürgermeister?

33 Warum meint der Bürgermeister, dass Ill kein moralisches Recht hat, Claires Verhaftung zu verlangen?

34 Welche weitere Folge hat Ills Handeln gegenüber Claire für seine Zukunft in der Stadt?

Ill und der Pfarrer

35 Inwiefern könnte man den Pfarrer als scheinheilig beschreiben?

36 Wie bewertet der Pfarrer Ills Angst?

37 Wie versucht der Pfarrer das Gespräch mit Ill abzubrechen?

38 Warum reagiert Ill so heftig auf den Glockenton?

39 Was ist der Unterschied zwischen dem Pfarrer und den anderen zwei Männern, die Ill um Hilfe gebeten hat?

Auf dem Bahnhof

40 Warum geht Ill zum Bahnhof?

41 Warum sind die Güllener zum Bahnhof gekommen, in ihren Worten?

42 Warum kann Ill nicht in den Zug steigen?

43 Wie fühlt sich Ill am Ende des zweiten Akts?

Dritter Akt

In der Peterschen Scheune

44 Warum sitzt Claire in der Peterschen Scheune?

3 Scene summaries

45 Wie versucht der Lehrer Claires Lage zu ändern?

46 Warum bleibt Claire fest entschlossen?

Ills Laden

47 Wie hat sich Ills Laden seit dem zweiten Akt geändert?

48 Warum meinen die Kunden, dass Ill in seinem Zimmer oben auf und ab geht?

49 Aus welchem Grund benötigt der Lehrer wohl ein starkes alkoholisches Getränk?

50 Wieso haben die Güllener Angst vor der Presse?

Die Presse

51 Wie haben die Pressemänner von Claires Verhältnis zu Alfred Ill erfahren?

52 Warum steigt der Lehrer auf das Fässchen?

53 Wie hat sich Ill jetzt verändert?

54 Welche Warnung gibt der Lehrer am Ende dieser Szene?

Ill und seine Familie

55 Beschreiben Sie Ills jetzige Beziehung zu seiner Familie

56 Was will er mit der Familie unternehmen?

Das Angebot des Bürgermeisters

57 Welches Detail werden die Güllener bei der Gemeindeversammlung verschweigen?

58 Was hofft der Bürgermeister, dass Ill vor dem Abend machen wird?

59 Aus welchen Gründen lehnt Ill den Vorschlag des Bürgermeisters ab?

Im Konradsweilerwald

60 Was ist mit Koby und Loby passiert?

61 Was ist mit Claires und Ills Kind passiert?

62 Was will Claire von Alfred Ill hören?

63 Welche Pläne hat Claire für Ills Leiche?

64 Inwiefern unterscheidet sich Claire von Ill, was die Liebe betrifft?

Ills Tod

65 Wie haben sich die Meinungen des Lehrers geändert?

66 Was enttäuscht den Kameramann bei der zweiten Verfilmung des Gemeindeschwurs?

67 Wie reagiert Ill vor seinem Tod?

68 Wie interpretieren die Pressemänner Ills Tod?

Der Schlusschor

69 Laut den Güllenern, was ist das Schlimmste für die Menschheit?

70 Inwiefern geht das Stück glücklich aus?

Das Geschehen: eine Übersicht

Vorgeschichte
- Alfred Ill verrät Kläri Wäscher.
- Sie verlässt die Stadt und arbeitet als Prostituierte in einem Hamburger Bordell. Sie wird Claire Zachanassian, die reichste Frau der Welt.
- Ill heiratet Mathilde Blumhard und bleibt in Güllen.

Erster Akt
- Die verarmte Stadt setzt ihre Hoffnung auf Claire.
- Bei einem Empfang macht Claire ein Angebot. Sie wird der Stadt Millionen schenken, wenn jemand Alfred Ill tötet.
- Der Bürgermeister lehnt ihr Angebot ab. Claire wartet.

Zweiter Akt
- In Ills Laden lassen die Kunden alles aufschreiben.
- Ill fühlt sich bedroht und bittet um Hilfe von dem Polizisten, dem Bürgermeister und dem Pfarrer. Keiner wird ihm helfen, und die zwei letzten deuten auf seine sündenhafte Vergangenheit.
- Ills Fluchtversuch aus der Stadt scheitert, als er einsieht, dass er nirgends auf der Welt sicher sein wird.

Dritter Akt
- Der Lehrer und der Arzt bitten Claire um Gnade. Sie weigert sich.
- Ill bleibt in seinem Zimmer und setzt sich mit seiner Schuld auseinander.
- Der Lehrer warnt die Güllener vor einer Katastrophe.
- Ill lehnt den Vorschlag des Bürgermeisters ab, dass er Selbstmord begehen sollte.
- Im Konradsweilerwald besprechen Ill und Claire das Schicksal ihres Kindes.
- Bei der Gemeindeversammlung wird Ill von den Güllenern zu Tode verurteilt und er wird von ihnen getötet.
- Infolgedessen überreicht Claire einen Scheck und verlässt die Stadt mit der Leiche.

Vokabeln

ablehnen to refuse, to turn down
abrechnen to settle a score
das Angebot offer
anklagen to accuse
anschaffen to acquire
die Anstiftung incitement
die Armut poverty
aufschreiben to put on account
die Bedingung condition
bestechen to bribe
das Bordell brothel
dichthalten to stick together
die Dirne prostitute
die Drohung threat
einschüchtern to intimidate
das Elend misery
erbärmlich wretched
das Fehlurteil wrongful conviction
felsenfest solid as a rock
flüchten to flee
fürchten to fear
das Gefolge retinue
die Gemeinde community
die Gerechtigkeit justice
das Gewehr gun, rifle
das Gewissen conscience
das Gruseln the creeps
die Hexe witch
die Hure whore
jagen to hunt
der Jugendstreich youthful escapade
der Käfig cage
die Konjunktur economy, business
der Kranz wreath
die Leiche corpse

DER BESUCH DER ALTEN DAME

die Leidenschaft passion
sich etwas leisten to afford something
machtlos powerless
der Meineid perjury
die Menschheit humanity
der Oberrichter Lord Chief Justice
das Opfer victim
die Parze Fate (Greek)
der Pfarrer priest
die Prothese false limb, prosthesis
die Rache revenge
der Reichtum wealth
die Sänfte sedan chair
der Sarg coffin
schauerlich spooky, gruesome
sinnlos meaningless
sittlich moral, ethical
die Todesstrafe death sentence
tödlich as sure as death
töten to kill
umbringen to kill
das Urteil judgement
die Vaterschaftsklage paternity suit
das Verbrechen crime
verhaften to arrest
verjährt all over and done with
verlangen to demand
verraten to betray
verschuldet plunged in debt
die Versuchung temptation
verwahrlost squalid
weltberühmt world famous
wirtschaftlich economic
der Wohlstand prosperity, affluence
der Zeuge witness

4 Themes

To gain a better understanding of Dürrenmatt's motives for writing the play, we need to investigate the themes which he introduces and to trace their development throughout the work. As you study the play, keep a list of important references which link to each theme that you identify, and make a note of how the author develops the theme. Five of the main themes in *Der Besuch der alten Dame* are:
- Gerechtigkeit (justice)
- Verlust der Individualität (loss of individuality)
- Heldentum (heroism)
- Liebe (love)
- Korruption in einer kapitalistischen Gesellschaft (corruption in a capitalist society)

Thema: Gerechtigkeit

Die Gerechtigkeit ist von Anfang an ein zentrales Thema in dem Stück. Schon vor Claires Ankunft erfahren wir von Ill, dass sie als Kind einen Polizisten mit Steinen beworfen hatte, weil er einen alten Vagabunden weggeführt hatte. Der Bürgermeister interpretiert das als Gerechtigkeitsliebe und will diese **Eigenschaft** nennen, ohne ihre Missachtung des Polizisten zu erwähnen. Die Polizei steht schließlich für die gesetzliche Ordnung der Stadt. Später erfahren wir, dass Claire keinen Respekt für die normalen Institutionen des Rechts hat. Im Laufe des Stücks sieht man, wie die hohen Prinzipien der Bürger verschwinden. Genau wie Claire vor fünfundvierzig Jahren von den Institutionen des Rechts im Stich gelassen wurde, so zeigt sich auch hier, dass sie käuflich sind. **Infolgedessen** fühlt sich Claire gezwungen, ihre eigene Gerechtigkeit zu kaufen. Der Lehrer erklärt Claires Gerechtigkeit als **Rache**. Sie will nicht nur einen Meineid wieder gut machen, sondern sich auch gegen den Mann rächen, der sie in ein Leben der Prostitution gezwungen hat. Dürrenmatt stellt uns die Frage, inwiefern ihre **seltsame** Art von Gerechtigkeit **gerechtfertigt** werden kann.

die Eigenschaft characteristic
infolgedessen consequently
die Rache revenge
seltsam curious
rechtfertigen to justify

Key quotation

Der Butler: *Und nun wollen Sie Gerechtigkeit, Claire Zachanassian?*

Claire Zachanassian: *Ich kann sie mir leisten. Eine Milliarde für Güllen, wenn jemand Alfred Ill tötet.*
(Erster Akt)

The offices of social justice are clearly represented in the play. The policeman and the mayor are responsible for keeping order in the town, just as Boby, the former judge, was responsible for administering punishments to those who had offended against the social order. However, Claire has realised by bitter experience that they are easily corrupted and will let down a victim in favour of money. She has been forced to leave the town as an unmarried expectant mother and to become a prostitute because of their susceptibility to bribes and lies. Her youthful love of social justice becomes her life's mission and turns into something evil and twisted.

DER BESUCH DER ALTEN DAME

Build critical skills

1 Ill beschreibt seine früheren Taten als verjährt. Kann man Ihrer Meinung nach seine Schuld so einfach abtun oder soll er für seine Jugendfehler bestraft werden?

Key quotation

Ich habe Klara zu dem gemacht, was sie ist, und mich zu dem, was ich bin, ein verschmierter windiger Krämer. Was soll ich tun, Lehrer von Güllen? Den Unschuldigen spielen? Alles ist meine Tat, die Eunuchen, der Butler, der Sarg, die Milliarde.

(Alfred Ill, Dritter Akt)

Claire's wealth allows her now to create her own world order and to impose her own interpretation of justice. Just as she has procured the services of the corrupt judge as her butler, so she now sets about buying the mayor and the policeman, who quickly succumb to the temptation of her wealth. Of course, her desire for justice is not objective. The suffering she has endured in her life has robbed her of compassion and she wants 'absolute Gerechtigkeit' (Der Lehrer, Act III). The teacher's comparison of Claire with Medea is appropriate. The Greek heroine who murders her own children in revenge for being deceived by her husband has great similarities with Claire, for whom the only punishment for Ill can be death. Here, Dürrenmatt poses several questions for the audience to consider: is the death penalty justified in this case? Can youthful crimes be forgiven? Should the victim decide how the culprit should be punished?

In her final meeting with Ill in the Konradsweilerwald she describes to him how her love has died and become evil and twisted like the roots of the trees where they are sitting. This deformation of her own character has made her unable to see the world other than as a place for retribution on her own terms. She becomes the goddess of fate which the teacher describes. So too her sense of justice has become twisted. She no longer wants the wrong to be righted. She demands revenge. Her life has been destroyed, so too must Ill's life come to an end so that she can rest in peace. Whether justice has been served is the central question which Dürrenmatt poses in this play.

Ill's final realisation of what justice is frees him from his fear. The man who emerges in the third act to confront the press and the bickering townspeople in his shop is a changed man from the one who collapsed in terror at the end of the second act. Justice for him is the end of a personal journey. Because of his acceptance of his guilt there can be no question of suicide. His punishment has been served by his anguish; he leaves the interpretation of justice to others.

Thema: Verlust der Individualität

Die zwei Chöre, die in dem Schlussbild sprechen, sind eine anonyme Gruppe einzelner Bürger, die im Laufe des Stücks ihre Individualität verloren oder aufgegeben haben. Wie bei einem griechischen Chor sprechen sie teilweise zusammen, haben eine **gemeinsame** Denkweise und sind nicht mehr voneinander zu unterscheiden. Trotzdem sind sie alle Individuen, die sich hinter der Anonymität der Gemeinde verstecken, um ihre eigene Schuld zu **verbergen**. Am Anfang erfahren wir einzelne Namen: Helmesberger der Bürger, Nüßlin der Arzt, Hahncke der Polizist. Claire Zachanassian versteht aber, wie wichtig es ist, die Individualität der Menschen wegzunehmen, damit sie sie **erniedrigen** und kontrollieren kann. So nennt sie die Mitglieder ihres Gefolges mit reimenden Namen. Niemand außer Claire darf die Individualität behalten und die Gemeinde, die wie die Eunuchen allmählich mit einer Stimme redet, kann hinter dem **Schleier** der Anonymität ihre Feigheit verstecken.

gemeinsam mutual

verbergen to hide

erniedrigen to humiliate

der Schleier veil

4 Themes

At first the people of Güllen are seen as individuals, albeit given only their title or called only Der Erste, Der Zweite and so on. However, even in the first scene they are portrayed as people made in the same mould. The four men at the station share the same views on the cause of the demise of Güllen as an important European town. The town's major citizens are known only by their titles, indicative for their importance as representatives of social order. As Claire's influence plays a subtle psychological game with their innermost desires, they begin to come together as one until eventually their anonymity and unity allows them to justify their murder of Ill.

This anonymity is represented aurally. Just as Koby and Loby speak in unison, so too the people of Güllen adopt this style of speech. The first indication is from the two women in Ill's shop at the beginning of the second act. As the two eunuchs pass the shop window the women recite 'Einen schönen Morgen, Alfred, einen schönen Morgen.' This is the beginning of a process of the whole town becoming faceless. If at first the utterances are innocent, they gradually become more ironic. The repetition in unison of 'Todsicher', referring to Ill's succession to the role of town mayor, is on the surface innocent, but for Ill it represents the increasing threat. Thus, it is no surprise that at the end of the play, the whole town swears to put right the wrongs that Alfred Ill has started.

Just as effective as the aural impact is the visual symbolism of the yellow shoes. As the promise of unforeseen wealth draws closer the whole town adopts the fashion of wearing new yellow shoes. These represent not only newfound wealth, but also by being at the literal base of the townspeople's being they demonstrate that money is the root of all evil.

Key quotation

Der Erste: *Wir stehen eben zu Ihnen. Zu unserem Ill. Felsenfest.*

Die Frauen *Schokolade essend: Felsenfest, Herr Ill. Felsenfest.*

(Zweiter Akt)

▲ Die neuen gelben Schuhe wirken zugleich witzig und beunruhigend

If the townspeople lose their individuality in the course of the play, so Claire's increases. As they succumb to namelessness, so she becomes ever more an

DER BESUCH DER ALTEN DAME

individual. From the simple Kläri Wäscher, she transforms herself into an international brand: Claire Zachanassian. However, Dürrenmatt shows that this individuality is, like her body, false and decayed, destroyed by the temptation of money and power.

Thema: Heldentum

die Erläuterung
comment, annotation

> Dürrenmatt schreibt in seinen **Erläuterungen** zu diesem Stück:
>
> *Ist Claire Zachanassian unbewegt, eine Heldin, von Anfang an, wird ihr alter Geliebter erst zum Helden. … ein gedankenloses Mannsbild, ein einfacher Mann, dem langsam etwas aufgeht, durch Furcht, durch Entsetzen, etwas höchst Persönliches; an sich erlebt er die Gerechtigkeit, weil er seine Schuld erkennt, er wird groß durch sein Sterben.*
>
> Dürrenmatt stellt die Frage, ob Heldentum in der modernen Welt noch möglich ist. Claires Verwandlung zur Heldin ist schon vor dem Anfang des Stücks passiert. Durch ihr Leiden hat sie eine sittliche Ebene erreicht, die sie **übermenschlich** macht. Am Anfang der Handlung **bereut** Alfred Ill, dass seine eigenen Kinder keinen Sinn für Ideale haben, und vergisst dabei, dass seine eigene moralische Welt **fragwürdig** ist. Jetzt aber ist die Zeit gekommen, in der er sich mit seinen Taten auseinandersetzen muss. Wie ein griechischer Held ist sein Schicksal vorausgesehen. Das Interessante ist, wie er sich gegenüber der Furcht verhält, wie er seine Ängste **überwindet** und wie er seine Schuld akzeptiert. Am Ende ist der Tod für ihn eine Erlösung.

übermenschlich
superhuman

bereuen to regret

fragwürdig dubious

überwinden
to overcome

Key quotation

Der Pfarrer: *Sie fürchten sich nicht?*
Ill: *Nicht mehr sehr.*
(Dritter Akt)

At the beginning of the play, greatness for Alfred Ill and his fellow citizens lies in their status within the community. The mayor is ready to give up his role as Güllen's most important citizen to make way for Ill, whose influence with Claire will surely secure the town's financial future. During the reception at the station, the men hand round the battered top hat, the symbol of their importance in the town. This emphasis on the outer trappings of greatness increases as the people of Güllen become more prosperous. Their clothes become more ostentatious until even Ill's wife sports a new fur coat.

However, Dürrenmatt shows us in the course of the play that true greatness is only achieved inwardly. As Ill comes to accept his fate, he becomes calmer. After his moment of desperation at the end of the second act, he shuts himself away and paces up and down in his room in an attempt to reconcile himself with his guilt. When he emerges he is a calm figure. He calms the storm in his shop, makes peace with his family and drives out for one last tour of Güllen in his son's new car. By the time he faces the community in the evening, he has conquered his fear and says very little. He has reached true heroic status.

TASK

1 Lesen Sie die letzte Szene im Goldenen Apostel bei der Gemeindeversammlung. Wie benimmt sich Ill in dieser Szene? Warum?

This explains why in many productions Ill changes physically as the play progresses. From a shabby shopkeeper in the first act, he gradually transforms into an elegant younger-looking man who can have confidence in his own courage. If he is seeking his 'Sonntagskleid' in the third act, it is not to look like his wife in her new fur coat, but to acknowledge the solemnity of the occasion of his final meeting with Claire and of his death.

4 Themes

Thema: Liebe

Es gibt keinen **Zweifel** daran, dass sich Claire und Ill als Jugendliche **leidenschaftlich** geliebt haben. In ihren Szenen zusammen **erinnern** sie **sich an** eine goldene Jugendzeit, als sie zusammen in den Wald gingen, um Zigaretten zu rauchen, um durch das goldene **Laub** zu laufen und um sich zu lieben. Die Kosenamen, die sie einander gegeben haben („Zauberhexchen" und „schwarzer Panther") **deuten** auf ein intensives sexuelles Verhältnis **hin**. Wir erfahren, dass Claire einmal sogar Kartoffeln gestohlen hat, um eine arme Witwe zu bestechen, damit Ill und sie in einem Bett schlafen durften. Aber mit der Zeit haben Claire und Ill die Liebe anders erlebt und interpretiert.

der Zweifel doubt
leidenschaftlich passionately
sich erinnern an to remember
das Laub fallen leaves
hindeuten to indicate

Despite their passionate youthful love, Claire and Ill have grown apart because of his betrayal. Fittingly, the heart that they engraved on the tree in the wood has also grown apart and become twisted and deformed. The natural beauty of their teenage love has been lost. Claire later tells Alfred that her love for him did not die after her ejection from the town, but neither could it live. The decaying forest with its gnarled roots is a symbol of the distortion of her view of human relationships. No longer capable of love, she has embarked on a series of relationships with men whom she uses to fulfil her own and their social needs. All men must be punished for Ill's crime of betrayal. This is no more clearly seen than in her literal emasculation of Koby and Loby, whom she has had castrated.

Key quotation

Es ist wie einst, wie wir jung waren und kühn, da wir in den Konradsweilerwald gingen, in den Tagen unserer Liebe.

(Alfred Ill, Erster Akt)

Ill's relationships have developed differently. He has married Mathilde Blumhard because of her money. Their marriage seems to be based on co-dependence rather than on true love. Yet in his final scene of reconciliation with Claire, his former passion seems reignited as they discuss the fate of their love child. The contrast between Ill's and Claire's passages through life highlights the differences in their personalities. She is unable to forgive; he has simply cast off his cowardly past, unaware that it would eventually catch up with him.

Thema: Korruption in einer kapitalistischen Gesellschaft

Der **ursprüngliche** Untertitel des Stücks als eine „Komödie der **Hochkonjunktur**" ist eine Anspielung auf die Zeit des Wirtschaftswunders nach dem Zweiten Weltkrieg. Die Verwahrlosung Güllens mit den verarmten, arbeitslosen und hoffnungslosen Einwohnern lässt sich allzuleicht erkennen. Im Gegenteil verkörpert Claire Zachanassian den Kapitalismus mit all seinen **Reizen** und Gefahren. Mit ihrem endlosen Reichtum weiß sie genau, wonach die Güllener **sich sehnen** – trotz ihrer sogenannten Prinzipien – und sie können der Versuchung des Geldes unmöglich widerstehen. Wenn die Zuschauer das glänzende **Bühnenbild** am Ende des Stücks ansehen, sollten sie überlegen, ob der Kapitalismus seinen Preis hat.

ursprünglich original
die Hochkonjunktur economic boom
der Reiz charm, attraction
sich sehnen nach to long for
das Bühnenbild stage set

DER BESUCH DER ALTEN DAME

Key quotation

Doch nichts ist ungeheurer als die Armut

Die nämlich kennt kein Abenteuer

Trostlos umfängt sie das Menschengeschlecht

Reiht

Öde Tage an öden Tag.

(Chor II, Schlussbild)

The ever-increasing prosperity that the Gülleners fall prey to is symbolised in the acquisition of material possessions. This starts innocently with the request for better milk, better cigarettes, and gradually widens out to luxury items such as cognac, electrical goods, cars and fur coats until eventually the Gülleners create their neon-lit paradise. This transformation of an impoverished society on the brink of ruin to a successful capitalist economy would have been instantly recognisable to the post-war German nation.

> **GRADE BOOSTER**
>
> In your exam it is important to remember Dürrenmatt's intention that this play is to be interpreted in a wider human context than just as a narrow reference to the post-war period when it was written. This is what gives the play a timeless appeal.

However, Dürrenmatt poses the central question: what is the cost of this prosperity? In this play it is the death of Alfred Ill and thereby the rejection of the deep-rooted principles by which the community claims to stand. Despite the reference to post-war social trends, Dürrenmatt insisted that his play was to be understood not as a satire on modern society but as a play with a more universal theme. He presents the audience with a social model which they are invited to consider.

Corruption is central to the play. Claire knows only too well that the Gülleners as representatives of all humanity will succumb to the temptation she lays before them. This explains her complacent 'Ich warte' at the end of the first act. In any case, she has already controlled the situation by buying up everything and allowing it to fall into disuse, the Wagner factory, the mine and in fact the whole town. Even the minister of God cannot resist the temptation of money.

The sad fact is that corruption is nothing new in this society. Dürrenmatt's characters are riddled with corrupt practices from the outset. The mayor, for example, has no qualms in pushing Ill forward as his successor without any hint that he should be elected by democratic means. In the past, corruption has caused Claire's downfall. Ill's bribing of the false witnesses and the judge's acceptance of the perjury are at the core of the sorry tale of a young girl whose life has been destroyed. In this society, Western principles give way without any resistance to the power of wealth. Even the teacher is unable to stop himself being dragged into the capitalist world.

Übungen

Vokabular

1 Vervollständigen Sie diesen Absatz, indem Sie das englische Wort mit einem passenden deutschen Wort ersetzen.

*Dürrenmatt präsentiert viele **1** [varied] Themen in seinem Stück. Ein Hauptthema ist die **2** [justice], die Claire Zachanassian von den Güllenern verlangt. Für Claire ist der **3** [concept] verzerrt und sie will sich an Alfred Ill und an den Güllenern **4** [avenge]. Der **5** [reason] dafür ist, dass Alfred Ill sie vor 45 Jahren **6** [betrayed] hat. Infolgedessen ist ihre Liebe zu ihm und zu allen Männern **7** [died]. Deshalb führt sie die Güllener in **8** [temptation] mit dem Versprechen, dass sie ihnen eine riesige Geldsumme schenken wird. Angesichts der **9** [poverty] in der Stadt sind die Güllener zu schwach, dieses Geschenk abzulehnen. Dürrenmatt zeigt uns, wie die kapitalistische Gesellschaft auf **10** [dubious] Verhalten aufgebaut wird.*

Verständnis

2 Wählen Sie die richtige Antwort.
  1 Für Alfred Ill hat Gerechtigkeit …
      a   … überhaupt keine Bedeutung.
      b   … die gleiche Bedeutung wie für Claire.
      c   … eine zutiefst persönliche Bedeutung.
  2 Je mehr der Wohlstand in Güllen steigt, …
      a   … desto anonymer werden die Güllener.
      b   … desto gerechter werden die Güllener.
      c   … desto sympathischer werden die Güllener.
  3 Ills Heldentum besteht darin, …
      a   … dass er mutig gegen den Tod kämpft.
      b   … dass er das sündhafte Verhalten seiner Familie anerkannt.
      c   … dass er seine Schuld und sein Schicksal akzeptiert.
  4 Claires intensives Liebesverhältnis zu Ill …
      a   … konnte sie nicht vergessen.
      b   … war von Anfang an zum Scheitern verdammt.
      c   … war der Grund für seinen Verrat.
  5 Die kapitalistische Gesellschaft wird von Dürrenmatt …
      a   … sehr gelobt.
      b   … unter die Lupe genommen.
      c   … als unmögliche gesellschaftliche Struktur abgetan.

DER BESUCH DER ALTEN DAME

Interpretation

3 Diskutieren Sie in einer Gruppe den Inhalt des Stücks, den historischen Hintergrund und die Hauptthemen. Inwiefern ist das Stück ein Werk, das man nur im Rahmen der 50er Jahre verstehen kann?

Aufsatz

4 Schreiben Sie einen Aufsatz zu diesem Thema:

„Obwohl die Religion in der Figur des Pfarrers vertreten wird, zwingt sie nicht zum moralischen Handeln."

Zu bedenken:
- wie der Pfarrer von den Personen im Stück gesehen wird
- inwiefern sein Handeln moralisch ist
- wer moralisch handelt und warum

Der Besuch der alten Dame: Hauptthemen

Korruption in einer kapitalistischen Gesellschaft
- Zeichen des steigenden Wohlstands
- Korruption als Dreh- und Angelpunkt der Gemeinde
- Armut gegenüber Reichtum
- historische Perspektive
- ursprünglicher Untertitel

Gerechtigkeit
- Gerechtigkeit gegenüber Rache
- Ills Strafe
- absolute Gerechtigkeit
- die Institutionen der Gerechtigkeit
- Claires Gerechtigkeitssinn als junges Mädchen

THEMEN

Liebe
- intensive Jugendliebe und sexuelles Verhältnis
- Liebe und Verrat
- Claires Unfähigkeit zur Liebe
- Claires Ehemänner
- Ills Verdrängung seiner Liebe zu Claire

Heldentum
- Dürrenmatts Frage an die Zuschauer
- Claire als Heldin der Antike
- Ills Verwandlung in einen Helden
- Akzeptanz der Schuld und Mut
- äußerliche gegenüber innerlicher Charaktergröße

Verlust der Individualität
- die Bedeutung der Namen der Güllener
- die Namen von Claires Gefolge
- Anonymität gegenüber Individualität
- imitierte Sprache
- die Güllener bei der Gemeindeversammlung

Vokabeln

abtun to dismiss, to belittle
äußerlich outer, external
die Bedeutung significance, meaning
sich benehmen to behave
bestrafen to punish
die Botschaft message
die Charaktergröße greatness of character
der Dreh- und Angelpunkt key element
die Erlösung release, redemption
der Gerechtigkeitssinn sense of justice
der Grund reason
heldenhaft heroic
das Heldentum heroism
interpretieren to interpret
unter die Lupe nehmen to put under the microscope
der Mut courage
Parallelen ziehen to draw parallels
rechtfertigen to justify
stehen für to stand for, to represent
die Strafe punishment
das Thema (die Themen) theme (themes)
die Todesstrafe death penalty
überlegen to consider
die Unfähigkeit inability
der Untertitel subtitle
sich verhalten to behave
das Verhältnis relationship
verkörpern to symbolise, to embody
der Verlust loss
verraten to betray
vertreten to represent
die Verwandlung transformation
widerspiegeln to reflect
wirksam effective
das Zeichen sign

5 Characters

Claire Zachanassian

▲ Claire und Ill in der Oper von Gottfried von Einem, Glyndebourne, 1973

Die Erfahrungen, die Claire bzw. Klara als junges Mädchen gemacht hat, hat sie nie vergessen. Nachdem sie schwanger wurde, hat Ill sie **im Stich gelassen** und sie wurde gezwungen, die Stadt zu verlassen. Ihr Leben als Prostituierte in Hamburg hat ihre Persönlichkeit stark verändert. Jetzt kennt sie die Welt und weiß, dass alles mit Geld zu kaufen ist. Jedoch waren die ersten Zeichen ihres Charakters in ihrer Jugendzeit schon **bemerkbar**. Als Kind hat sie auf dem Dach der Bedürfnisanstalt gesessen und auf die Männer gespuckt: Jetzt **verachtet** sie alle Männer und benutzt sie zu ihren eigenen Zwecken. Sie hat Kartoffeln für eine arme Witwe gestohlen, damit sie mit Ill in einem Bett schlafen konnte. Ähnlicherweise kontrolliert sie jetzt das Leben von vielen anderen Menschen durch ihre **Macht** als reichste Frau der Welt. Aber in dem Stück selbst macht sie keine Entwicklung durch. Ihre einst **leidenschaftliche** Liebe für Ill ist zu etwas Bösem geworden. Als sie nach Ills Tod den Scheck überreicht, verlässt sie Güllen ohne Emotionen. Ihre Rache ist vollendet.

Claire fulfils all the expectations of the townspeople when she arrives at the station. Not only does she defy social convention by pulling the communication cord, but she brushes off the protestations of the conductor by donating

Key quotation

Es war Winter, einst, als ich dieses Städtchen verließ, im Matrosenanzug, mit roten Zöpfen, hochschwanger, Einwohner grinsten mir nach. Frierend saß ich im D-Zug nach Hamburg, doch wie hinter den Eisblumen die Umrisse der Peterschen Scheune versanken, beschloß ich zurückzukommen, einmal.
(Claire Zachanassian, Dritter Akt)

im Stich lassen to leave in the lurch

bemerkbar noticeable

verachten to despise

die Macht power
leidenschaftlich passionate

DER BESUCH DER ALTEN DAME

> **TASK**
> 1 Lesen Sie Claires Antwort auf die Rede des Bürgermeisters im ersten Akt. Welche Unterschiede gibt es zwischen seiner Interpretation ihrer Jugend und der Wahrheit? Was erfahren wir hier über Claire?

thousands for the foundation of a charity for railway widows. Her charitable work has already been referred to: a hospital in Kalberstadt, a crèche in Kaffigen and a memorial church in the capital. She seems to be the answer to the Gülleners' dreams.

Her first meeting with Alfred hints at a tender romantic side, when she revels in being called 'Wildkätzchen' again, and then in the Konradsweilerwald she gazes longingly at the heart which they had carved into a tree trunk and seems willing to respond to Ill's desperate plea for help for the town. However, Ill's tentative responses are met with a harder side to her character. Smoking her favourite cigars, she talks of having turned into hell itself. She reveals that her body is made up of false limbs after a plane crash in Afghanistan and she is more realistic than Ill about the changes that have happened to them in their lives since they last met. The teacher's view of her as an immortal goddess of fate resonates in the eunuchs' echoing 'Nicht umzubringen' at the end of the scene.

In the final scene of Act I, Claire reveals the true horror of her mission. Calling forth her butler and the eunuchs she explains to the townspeople the extent of her demands on them for a donation which would transform their lives. And the extent of her brutality is made clear in her treatment of Koby and Loby, blinded and castrated by the American gangsters at Claire's behest. This woman will stop at nothing.

> **Build critical skills**
> 1 Inwiefern kann man für Claire Mitleid haben? Bedenken Sie ihre Vergangenheit, ihre Lebenserfahrungen und was sie jetzt von der Stadt fordert.

Now for Claire only money counts; human compassion has long gone from her life. It is therefore surprising that her final meeting with Alfred Ill in the Konradsweilerwald is so tender. As they talk of their daughter she almost becomes human again. However, her desire to be reminded of her teenage self is egocentric and has more to do with letting time stand still than with a desire to share a romantic moment with her former lover. As she stands over his body later and hands over the cheque, her mission is fulfilled and she takes the body off to Capri. Claire wants life to remain as it was when she was young. Age and experience have transformed her into a monster.

Alfred Ill

> **Key quotation**
> *Ich habe Klara zu dem gemacht, was sie ist und mich zu dem, was ich bin, ein verschmierter windiger Krämer.*
> (Alfred Ill, Dritter Akt)

◀ Alfred Ill bei der Gemeindeversammlung in der Oper von Gottfried von Einem, Glyndebourne, 1973

5 Characters

Im ersten Akt erscheint Alfred Ill als ein **bescheidener** Mann, der einen Krämerladen in Güllen führt. Er ist auch die **beliebteste** Persönlichkeit in der Stadt, da er vor fünfundvierzig Jahren der Geliebte von Claire Zachanassian war. Deshalb ist er eine wichtige Figur, die die Milliardärin überreden könnte, der Stadt aus dem Elend zu helfen. Ill genießt seine Popularität und das **Versprechen** des Bürgermeisters, dass er sein Nachfolger wird. Als Claire ihren Jugendfreund wieder trifft, scheint für ihn alles gut zu gehen. Im Konradsweilerwald denken sie melancholisch an ihre Jugendzeit zurück und Claire erinnert ihn daran, dass er ein guter Liebhaber war, den sie ihren „schwarzen Panther" nannte. Doch mit Claires Angebot wird klar, dass Alfred Ill nicht nur ein **Lügner** sondern auch ein Opportunist gewesen ist. Er muss sich jetzt mit seinem **sündhaften** Verhalten auseinandersetzen. Am Ende des zweiten Akts erreicht er einen Tiefpunkt, als er einsieht, dass Claire ihn überall auf der Welt finden wird. Deshalb schließt er sich in sein Zimmer ein und erscheint im dritten Akt als ein anderer Mensch. Ruhig und gefasst erklärt er, dass er seine Schuld anerkannt hat und dass er bereit ist, seine Strafe zu akzeptieren. Deswegen wehrt er sich nicht gegen das Urteil der Güllener.

bescheiden modest
beliebt popular

das Versprechen promise

der Lügner liar

sündhaft sinful

At the moment of his death, Alfred Ill is composed and resigned to his fate. He has developed from a man who has covered up a deceitful past and lived a life of lies to a figure of almost heroic proportions, similar to the hero in a Greek tragedy. In contrast to the other townspeople, he has deepened his individuality while they have lost theirs. As he calls out an impassioned 'Mein Gott' at the end of the Gülleners' communal oath, he gains an almost Christ-like stature.

At the beginning of the play, Alfred Ill is enjoying his status as Güllen's most popular citizen. His life has been devoted to working in his shop, with no experience beyond the town other than a journey to Tessin and one to Berlin. He represents the archetypal Güllener, impoverished, yet getting on with his life.

However, in the course of the first act it becomes clear that he is less than morally scrupulous. He has no second thoughts about reinterpreting Claire's departure from Güllen by telling the others that it was simply meant to be. In the Konradsweilerwald, he dismisses Claire's departure as her desire to conquer the world. The true reason for it was a darker secret that he has suppressed, even denied, for 45 years: his criminal actions in denying the paternity suit, bribing witnesses and choosing Mathilde over Klara/Claire because the former could offer a life with money. This is a man who has had no moral conscience.

Now, faced with his nemesis and displaying the character traits of the archetypal coward, he desperately tries to win support. As he runs from the policeman to the mayor to the priest, he realises that the increasing consumerism means that the townspeople are speculating on his death. As he plans to flee from the town, he reaches his nadir. Unable to board the train, he realises that it is his own inability to face up to his guilt that is preventing him from doing so rather than the people surrounding him on the station platform.

GRADE BOOSTER

When you are considering a character in a play, always think about how the character changes in the course of the play and why. The change that Ill undergoes is crucial to an understanding of Dürrenmatt's intentions.

TASK

2 Einige Kritiker vergleichen Alfred Ill mit dem christlichen Jesus. Welche Beweise können Sie im Stück dafür finden?

Thus it is that he shows the greatest transformation in the play by conquering his fear after a period of self-analysis in the room above his shop where he can be heard pacing back and forth, presumably contemplating his crime against Claire. When he reappears to quell the disturbance in the shop, he is calm and composed. He tells the townspeople that he is responsible for everything that is now happening: for ruining Claire's life, for forcing her into prostitution, for the economic ruin in the town and for the dilemma of his fellow Gülleners. He now shows moral courage by accepting his fate and allowing his death to happen.

Der Lehrer

Der Lehrer steht für Bildung und Kultur in Güllen. Bei dem Empfang am Bahnhof dirigiert er den Jugendchor. Sein ganzes berufliches Leben hat er der Ausbildung der armen Stadtbewohner **gewidmet**, in der Hoffnung, dass die humanistischen Traditionen der alten Griechen ihre Not **lindern** werden. Er erkennt als Erster in der Gemeinde, dass Claire keine normale Frau ist und vergleicht sie sofort mit einer Figur aus der griechischen Mythologie. Als die Güllener anfangen, Schulden anzuhäufen, weiß er, dass das Ende für Alfred Ill nah ist. Aus diesem Grund wird er zu einem Wahrsager in der Stadt, der überall vor einer menschlichen Katastrophe warnt. Bis sehr spät im Stück versucht er, den Güllenern **von** ihrem Handeln **abzuraten**. Aber seine Warnungen sind umsonst. Weil er selbst zu schwach ist, der Versuchung des Geldes zu widerstehen, **besäuft** er **sich** und gibt zu, dass auch er mitmachen wird, um Ill zu töten. Als er bei der Gemeindeversammlung auftritt, hat er seine Schamgefühle **überwunden** und spricht gegen Alfred Ill.

widmen to devote

lindern to alleviate

abraten von to dissuade from

sich besaufen to get drunk

überwinden to overcome

Key quotation

Kein Recht? Gegenüber dieser verfluchten alten Dame, dieser Erzhure, die ihre Männer wechselt vor unseren Augen, schamlos, die unsere Seelen einsammelt?

(Der Lehrer, Dritter Akt)

The teacher is a man of the highest moral principles. He has devoted his life to instilling the great humanist traditions of German education into the children of Güllen and is first seen conducting the children's choir as Claire arrives. He tells Claire in the Petersche Scheune that his one desire is for Güllen to become great again.

However, with great insight he recognises immediately that Claire is a potential danger. Comparing her to one of the Fates, he uses his knowledge of Greek mythology to show that he is acutely aware of her powers. In keeping with his repeated classical references and with Dürrenmatt's comparison with Greek tragedy, the teacher turns into a prophet of doom, like Cassandra who foresaw the fall of Troy but who was unable to be heard.

The teacher persists with his attempts to convince the townspeople to resist temptation even after they have all succumbed to building economic security founded on debt. In Ill's shop he turns to alcohol, presumably to dull the pain of his insight, as his ideal vision for a bright future crumbles before him.

He realises also that his humanist ideals are not strong enough to withstand temptation and that he too will be complicit in Ill's death. In the end he turns to self-deceit by calling on the people to support the condemnation of Alfred Ill, using language which arouses their prejudices and negative emotions.

Die Gemeinde

Die vier Männer am Bahnhof am Anfang des Stücks **entlarven sich** sofort als Kleinstädter. Trotz der hohen Ansprüche der Stadt als wichtige Kulturmetropole in der Vergangenheit geben sie allen gesellschaftlichen Gruppen (außer sich selbst) die Schuld für die **erbärmliche** Wirtschaft Güllens. Es ist also kein Wunder, dass die Gemeindemitglieder gegenüber Claires Angebot so schwach sind. Obwohl sie alle Familiennamen haben, bezeichnet sie der Dramatiker nur mit ihren Titeln, sei es als Der Erste oder in einer Rolle als Bürgermeister, Arzt oder Polizist. **Allmählich** werden sie zu einer gefährlichen **Meute**. Je mehr die Güllener Schulden machen, desto mehr sprechen sie mit einer Stimme. Das fängt mit den zwei Frauen in Ills Laden an, die bessere Milch und Schokolade bestellen. Genau wie die zwei Eunuchen, die Claire hat blenden und kastrieren lassen, kommen die Güllener langsam unter ihre Kontrolle, bis sie am Ende nicht voneinander zu unterscheiden sind. Als sie den erschreckenden **Eidschwur** im dritten Akt aussprechen, beweisen sie, dass man sich schließlich in einer Gruppe sicher fühlt und zu allem fähig ist.

sich entlarven to reveal oneself

erbärmlich pitiful

allmählich gradually
die Meute mob

der Eidschwur oath

The townspeople of Güllen, though all individuals in their own right with their own names such as Helmesberger, act increasingly as one in the course of the play, their united voice at the end a testimony to their resorting to safety in numbers. Through them, Dürrenmatt condemns the inability of human beings to stand alone and to live by the moral values which they claim to possess.

Their anonymity is indicated in the cast list, where they are listed either simply as a number (Der Erste, Der Zweite) or by their function in the town. Similarly, Claire's retinue and her husbands are all dehumanised by their rhyming names. In contrast Claire and Alfred retain their names and their individuality. One Güllener, Luise, is named in the cast list. Although she makes only two small non-speaking appearances in the play, she retains her name because she exploits the arrival of Claire and her entourage rather than being manipulated by them.

Three individuals stand out among the townspeople. The mayor represents civic authority, the policeman legal authority and the priest religion. All three could offer protection to Alfred Ill but fail to do so because they are as susceptible to the promise of money as the citizens for whom they are supposed to act as role models. Ill is horrified in turn by the policeman's new gold tooth, the mayor's new plans for the town hall and the priest's new bell. Only the latter shows some remorse by pleading with Ill to leave the town to prevent them from committing their sin.

Key quotation

Denn wir können nicht leben, wenn wir ein Verbrechen unter uns dulden.

(Die Gemeinde, Dritter Akt)

Build critical skills

2 Beurteilen Sie den dramatischen Effekt davon, dass die Güllener zusammen sprechen. Warum benutzt Dürrenmatt diesen Effekt?

Die Presse

auftauchen to appear
darstellen to depict
die Ahnung idea, notion
der aufklärerische Journalismus investigative journalism
die Missachtung contempt

> Als weltberühmte Persönlichkeit versteht Claire, wie wichtig die Presse für sie ist. Aber die Presseleute erscheinen erst im dritten Akt, denn Claire will ihr Angebot machen, ohne dass die Presse dabei ist. Die Reporter, die dann in Ills Laden **auftauchen**, sind von der Boulevardpresse und suchen nichts weiteres als eine gute Sensationsgeschichte. Dürrenmatt **stellt** sie als manipulierte Leute **dar**, die Claire ausnutzt. Sogar bei der Gemeindeversammlung haben sie keine **Ahnung**, was in Güllen abspielt. Der **aufklärerische Journalismus** existiert in Dürrenmatts Welt nicht, und dadurch zeigt er seine **Missachtung** von der Presse.

Claire is aware of how much she and the press depend on each other. She needs them to ensure her continued exposure in the press as she wishes to be seen; their existence is justified by her provision of sensational stories for them to publish. In the first act, she leaves them dining on the train in ignorance, fully aware that they will eventually re-establish contact with her when they need a good story.

Claire and her husbands are headline news. The husbands, whether businessmen, actors or archaeologists, enjoy and need the publicity that their marriage to Claire offers them. An appearance in *Life* magazine is more to them than the relationship itself. Thus, the members of the press intend not to expose the truth but to create their own false reality. This explains the television cameraman's frustration in the third act when Ill fails to call out during the refilming of the townspeople's oath.

In a moment of dramatic irony, Dürrenmatt shows his disdain for the methods of the press by having them take a photograph of Ill selling an axe to the local butcher. The implication of a potential murder weapon is lost on them.

Key quotation

Ich brauche die Presse vorerst nicht in Güllen. Und später wird sie schon kommen.
(Claire Zachanassian, Dritter Akt)

Übungen

Vokabular

1 Zu welcher Person im Stück passt jeder Satz?
1. .... soll der nächste Bürgermeister der Stadt sein.
2. .... will sich rächen.
3. .... lehnt Claires Angebot als erster ab.
4. .... versucht, eine Katastrophe in Güllen zu verhindern.
5. .... versteckt sich hinter der Religion.
6. .... begleitet den Lehrer zu Claire in der Peterschen Scheune.
7. .... fühlt sich im Laufe des Stücks immer bedrohter.
8. .... kauft einen neuen Pelzmantel auf Kredit.
9. .... manipuliert die Wirklichkeit.
10. .... hat in der Vergangenheit viel gelitten.

Grammatik

2 Verbinden Sie die zwei Sätze, ohne das Wort „und" zu benutzen.
1. Alfred Ill entlarvt sich als ein Lügner und ein Opportunist. Er gibt sich für einen bescheidenen Mann aus.
2. Ill gibt Claire auf. Er heiratet die reiche Mathilde Blumhard.
3. Ill akzeptiert seine Schuld. Er wird zu einer heldenhaften Figur.
4. Claire ist in Güllen aufgewachsen. Sie kommt zurück, um sich an Alfred Ill zu rächen.
5. Claire lässt die Pressemänner im Speisewagen weiterdinieren. Sie weiß, dass sie später kommen werden.
6. Claire hat einen Flugzeugabsturz in Afghanistan überlebt. Sie hat dabei ihr linkes Bein verloren.
7. Der Lehrer ist hilflos gegen die Versuchung des Geldes. Sein ganzes Leben hat er der Forderung humanistischer Größe in Güllen gewidmet.
8. Koby und Loby wurden von den zwei Gangstern gefangen. Sie wurden als Strafe kastriert und geblendet.
9. Claire schlägt dem Arzt vor, Herzschlag als Todesursache festzustellen. Der Arzt wirkt schockiert.
10. Im dritten Akt treffen sich Claire und Ill im Konradsweilerwald. Dort besprechen sie das Schicksal ihrer gemeinsamen Tochter.

Verständnis

3 Beschreiben Sie in Ihren eigenen Worten, wie die folgenden Situationen im Stück zu erklären sind.
1. der Grund für Claires Rückkehr nach Güllen
2. die gespannte Erwartung der Güllener am Anfang des Stücks
3. die Reaktion des Polizisten auf Koby und Loby
4. die Empörung des Bürgermeisters am Ende des ersten Akts
5. Claires ruhiges Verhalten auf dem Balkon ihres Hotelzimmers
6. der steigende Konsum der Güllener
7. die Angst des Pfarrers in der Sakristei
8. Ills Verhalten am Bahnhof im zweiten Akt
9. Ills Auf- und Abschreiten in seinem Zimmer im dritten Akt
10. der Alkoholkonsum des Lehrers

Interpretation

4 Anlässlich dieses Stücks schrieb der Autor: „Ich beschreibe Menschen, nicht Marionetten." Ist ihm das gelungen, Ihrer Meinung nach?

Sie könnten folgende Ideen bedenken:
- inwiefern die Personen als Stereotypen dargestellt werden
- wie glaubwürdig die Personen im Stück sind
- inwiefern Claire und Ill Menschen statt Marionetten sind
- warum Dürrenmatt das Menschliche in seinen Personen betonen will

Die Hauptfiguren im Stück: ein Überblick

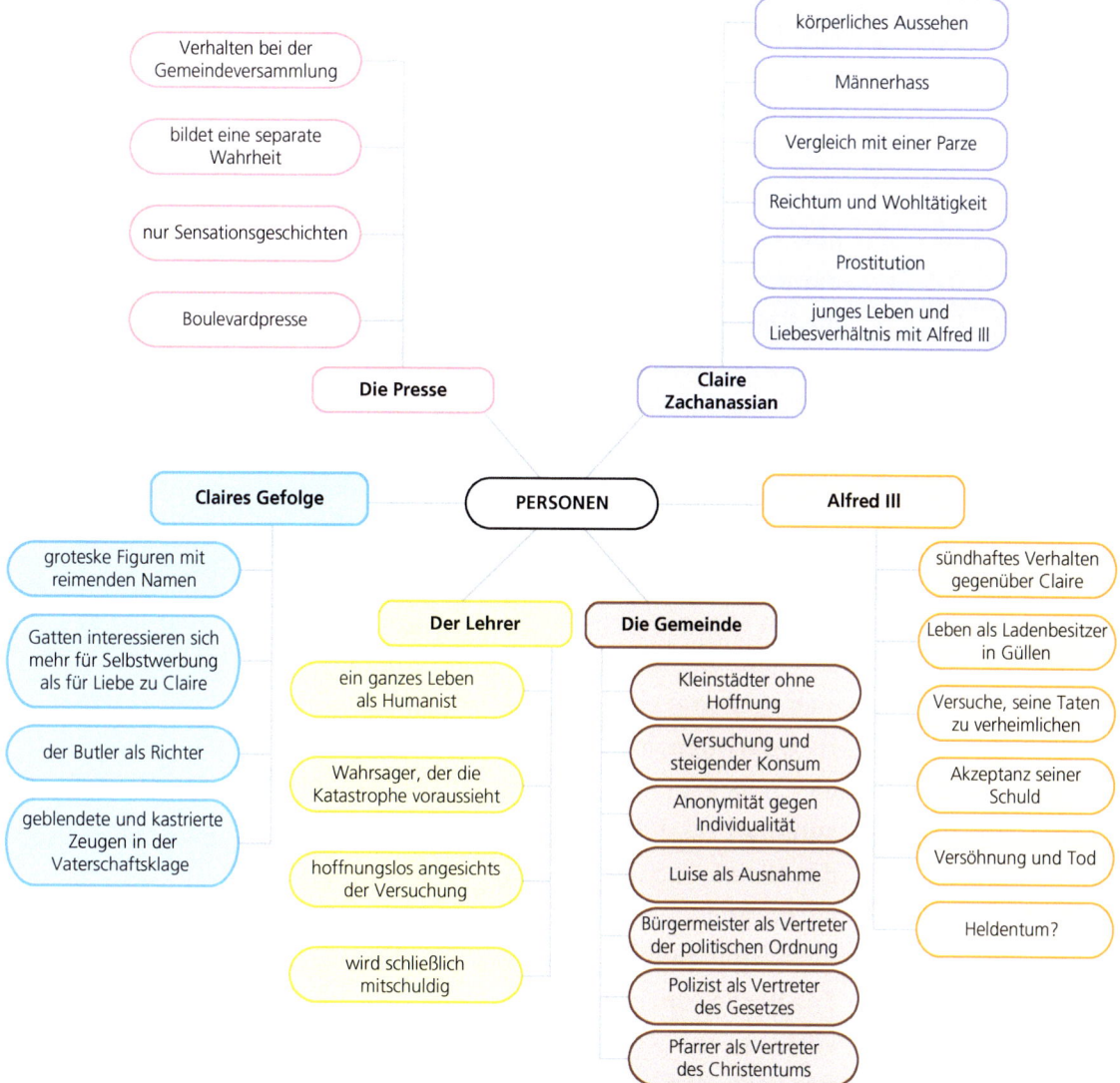

Vokabeln

die Andeutung allusion
anerkennen to acknowledge
auftreten to appear (on stage)
bedroht threatened
beurteilen to assess
darstellen to represent
einsehen to realise
empfinden to sense
die Entmenschlichung dehumanisation
die Entwicklung development
die Erwartung expectation, anticipation
gefasst composed
gespannt tense, eager
im Grunde genommen basically
klingen to sound
leiden to suffer
das Mitleid compassion
sich rächen to get revenge
rechtfertigen to justify
das Schicksal fate
sündhaft sinful
das Urteil judgement
verbergen to hide
die Vergangenheit past
das Verhalten behaviour
verkörpern to embody, to symbolise
das Versagen failure
die Verwandlung transformation
die Wahrheit truth
der Wahrsager prophet, soothsayer
die Werte values
wirken to appear, to be effective
die Wirklichkeit reality
zielbewusst purposeful
die Zwangslage predicament

6 The dramatist's style

style der Stil

dramatist der Dramatiker

In your AS and A-level studies you must explore the author's **style**. By examining the literary elements, you will be able to come to a closer understanding of the **dramatist's** intentions. Dürrenmatt's chosen style of tragi-comedy for his play gives an important indication of his intentions. In addition, he makes use of certain techniques throughout the play so that the audience will not only focus on the plot in itself but will be able to think about the meaning of the play in more subtle ways.

Eine tragische Komödie

tragedy die Tragödie
comedy die Komödie
to presuppose voraussetzen

In the social and political chaos of post-war Europe, Dürrenmatt had come to the conclusion that the world was too serious for pure **tragedies**. As a result many of his plays are **comedies** on the surface with an underlying serious, sometimes tragic, message. His argument is easy to follow. Tragedy **presupposes** an orderly world that the modern world is not; therefore, comedy, which presupposes disorder, is a more suitable form. Nevertheless, he wants to question whether tragedy is still possible and investigate whether the heroic courage displayed by the heroes of ancient Greek drama can still exist in this chaotic world.

contrast die Gegenüberstellung

The intention of Dürrenmatt's particular brand of comedy is to make the audience laugh at something that will become serious, in the same way as the ancient Greek dramatists used comedy to explore social issues. So the antics of the townspeople in the opening scene are ridiculous; the **contrast** between their desperate poverty and the extravagance of Claire's appearance in her sedan chair and her opulent wealth is on the surface funny; the efforts of the pompous mayor to turn suspect details about Claire's youth into something more grand raise a smile; and even the initial appearance of Koby and Loby is amusing. However, underlying this **facade** of comedy is a serious theme.

facade die Fassade
fate das Schicksal

The tragedy lies in the fact that Alfred Ill's **fate** is secured from the outset. Claire becomes the oracle of Greek tragedy who issues a decree that will be carried out no matter what happens. In the course of the play, Ill has to face up to his guilt and accept the inevitability of his death. He goes from unassuming citizen to hunted criminal to courageous individual who calmly accepts that he will die for his crime.

> **TASK**
> 1 Erforschen Sie die Gattungen Tragödie und Komödie und schreiben Sie Ihre eigene Erklärung zu den zwei Theaterformen.

> **GRADE BOOSTER**
> Using the correct register in your exam essay is important. If you are writing about the author's style, it is important to use the correct literary terminology to present your arguments. Keep a list of important vocabulary from this section.

sacrifice die Aufopferung
parody die Parodie

Ill's **sacrifice** allows the ordered world to be restored. It is therefore appropriate for Dürrenmatt to end his play with a **parody** of a Greek chorus. The final scene presents the audience with a mock happy end to the story of Alfred Ill and raises the question for the audience about whether this superficial order will last.

Das Groteske

grotesque grotesk
juxtaposition die Nebeneinanderstellung
appearance (*on stage*) der Auftritt

ridiculous lächerlich

Much of the comedy in this play relies on Dürrenmatt's use of **grotesque** elements. Grotesque theatre arises from the **juxtaposition** of the bizarre, the ugly or the disgusting with normal everyday life.

The policeman shares the audience's reaction to the grotesque **appearance** of Koby and Loby, who seem human but claim not to be. As we learn more about them and find out that they have been blinded and castrated by Claire's henchmen, **ridiculous** comedy turns to disgust. Dürrenmatt uses the grotesque here to shock and to highlight a main theme of the play. By literally emasculating Koby and Loby, Claire shows her hatred of all men.

appearance and reality Schein und Sein

Claire herself is a grotesque figure, whose **appearance** hides a bizarre **reality**. In the stage directions in the first act, Dürrenmatt describes her as a grotesque figure who nevertheless has a certain elegant grace in her appearance. Beneath her elegant exterior is a decayed old woman who is made up partially of false limbs. Thus, the dramatist shows how nothing can be taken for granted and points to the fact that Claire's apparently good intentions for Güllen hide a dark and ugly plan.

The symbol of decay that is embodied in the grotesque elements of the play is extended to the Konradsweilerwald. Here, in the most romantic of surroundings, Ill and Claire pursued their teenage love affair. However, the forest has now become decayed and overgrown and the love-heart that they once carved out in the bark of a tree has become gnarled and twisted just like their ageing bodies and like Claire's own heart.

to alienate verfremden
action die Handlung
on stage auf der Bühne

Dürrenmatt's aim in using the grotesque is to **alienate** the audience from the **action**. When faced with the image of the ageing woman dressed to kill and dripping with gold, with her false leg and her hand made out of ivory, the audience is unnerved. We do not know whether to laugh or to be appalled by what we see **on stage** and are drawn out of the comfortable surroundings of the theatre to think more deeply about the plot and themes of the play.

Die Symbolik

symbolism die Symbolik

In his endeavour to ensure that the play is 'bühnendramatisch', Dürrenmatt makes use of countless symbols. The most obvious is the black panther that Claire transports around in a cage. This was of course Claire's nickname for Ill when they were young. Now she has the beast trapped in a cage just as she traps Ill by her arrival in Güllen. In the second act when the panther escapes, Ill mirrors its actions by running around the town desperately seeking refuge. As the citizens hunt the animal with their guns, so too Ill is hunted by the threat of their growing credit in the shops. When the panther is shot dead, we catch a

6 The dramatist's style

fleeting glimpse of the depth of Claire's emotions as she cries out to the butler 'Boby, man schießt'. While she is clearly awaiting Ill's death, for Ill the fired shots force him to see that life in Güllen is impossible for him.

▲ Claires Zigarren haben eine symbolische Funktion in dem Stück

Black, then, in the form of the panther, is related to death. This colour is used in countless ways as a powerful symbol in the play. Claire's black clothes and the black coffin **contrast with** the white of innocence in the clothes worn by the mayor's grandchildren.

Other colours are used symbolically too. Red is the symbol of love. Ill remembers how beautiful Claire was as a teenager with her red hair as she ran through the woods; when Claire arrives at the station she is given red roses, which contrast with her black clothing, thus **highlighting** the **link** between love and death.

The most powerful colour symbol is the yellow and gold used to represent wealth and power. Thus Claire's 'goldenen Humor' symbolises her ability to control the world with her status and is picked up by the people of Güllen in their yellow shoes, which haunt Ill. The policeman's new gold tooth, the new poster on the station wall with the glowing yellow sun and Claire's mention of her first husband Zachanassian as a golden maybug give depth of meaning to the symbolic value of the colour.

However, just as gold represents something positive, so it also has negative **connotations**. By donning the yellow shoes, the people betray their favourite citizen. He in turn realises that he is unable to withstand their threats. As he drives around the area with his family before facing his death he notices that the whole landscape is bathed in gold. And indeed, the link between the gold of wealth and the yellowy gold of the forest floor completes the symbol. Gold and yellow also **signify** decay and betrayal.

Build critical skills

1 Claire raucht immer wieder Zigarren in diesem Stück. Inwiefern sind die Zigarren symbolisch zu verstehen?

Key quotation

Die Ebene, die Hügel dahinter, heute wie vergoldet. Gewaltig die Schatten, in die wir tauchen und dann wieder das Licht.
(Alfred Ill, Dritter Akt)

to contrast with mit etwas in Gegensatz stehen

to highlight hervorheben
link die Verbindung

connotation die Konnotation, die Assoziation

to signify bedeuten

Die Sprache

From the outset, Dürrenmatt uses language **for specific purposes** in the play. The four citizens often roll their sentences together. For example:

> Der Maler: Der D-Zug!
> Der Erste: Hält!
> Der Zweite: In Güllen!
> Der Dritte: Im verarmtesten
> Der Vierte: Lausigsten
> Der Erste: Erbärmlichsten Nest der Strecke Venedig–Stockholm!

This suggests that even before Claire exerts her power over them they are thinking as one. By the beginning of the second act, they, like Koby and Loby, are beginning **to speak in unison** until at the end of the play they take the oath against Ill in one voice and eventually resort to becoming a Greek chorus.

Ambiguity in language is an important **motif** throughout the play. For example, the mayor tries desperately to twist the reality of Claire's youthful exploits and her poor performance at school into something positive, thus showing his own tendency to deceit. Also Claire's questions to the doctor, the priest, the gymnast and the policeman seem odd, but in reality they are **ominous indications** of the reality in store for Ill and the townspeople. The townspeople's comments about Alfred Ill are meant seriously but can be interpreted by the audience in another way. When they promise to stand by each other 'Auf Tod und Leben', it is unclear which of the two elements of the platitude they mean most.

The teacher's use of language is particularly interesting. As an intellectual humanist who has tried to instil the democratic values of the ancient Greeks into his pupils, he adopts a more **literary linguistic style** than his fellow citizens. When, like Cassandra, he warns the people of the dangers of their actions, the **syntax** in his speech is elevated and noble:

> Doch nun will ich eine Rede halten, vom Besuch erzählen der alten Dame in Güllen.

Yet again his words cover up the harsh reality that he too will eventually succumb to Claire's demands and become simply one more weak member of the mass of faceless citizens, unable to stand up for his principles.

---

language die Sprache

for specific purposes zu einem bestimmten Zweck

to speak in unison mit einer Stimme sprechen

ambiguity die Zweideutigkeit

motif der Leitgedanke

ominous indications ominöse Hinweise

literary linguistic style ein dichterischer Sprachstil

syntax der Satzbau

> **TASK**
> **2** Schreiben Sie die Worte des Lehrers um, damit sie eine normale Wortstellung haben.

Übungen

Vokabular

1 Ergänzen Sie diese Sätze mit einem Wort aus dem Kasten unten.
1. Für dieses Stück wählt Dürrenmatt die .... der tragischen Komödie.
2. In Dürrenmatts chaotischer Bühnenwelt ist individuelles menschliches Handeln ....
3. Obwohl das Stück in der Gegenwart spielt, stammt die dramatische Form aus der ....
4. Das Groteske soll die Identifizierung der Zuschauer mit der Handlung ....
5. Wegen der grotesken Elemente im Stück wissen die Zuschauer nicht, ob sie lachen oder .... sein sollten.
6. Der schwarze Panther ist ein wichtiges Symbol in Zusammenhang mit Alfred Ill und mit dem ....
7. Die Symbolik der Farben ist von großer ....
8. Durch den Gebrauch von Claires Zigarren als Phallus-Symbol wird die Liebe zum Konsumartikel ....
9. Die Farbe Rot versinnbildlicht Claires bedingungslose ....
10. Die unschuldigen Worte der Güllener .... ihre unbewusste Gedanken.

Tod	Antike
sinnlos	verschleiern
Bedeutung	verhindern
Liebe	herabgesetzt
Gattung	entsetzt

Grammatik

2 Vervollständigen diese Sätze mit einem passenden subordinativen Satz.
1. Dürrenmatt präsentiert eine chaotische Welt in seinem Stück, weil ...
2. Das Stück ist eine Komödie, obwohl ...
3. Das Groteske soll dazu beitragen, dass ...
4. Dürrenmatt macht sein Werk bühnendramatisch, indem ...
5. Bei manchen Aussagen der Personen im Stück weiß man oft nicht, ob ...

Verständnis

3 Beantworten Sie diese Fragen auf Deutsch.
   1 Was ist die ernste Botschaft von diesem Stück?
   2 Inwiefern war die Welt in den 50er Jahren chaotisch für Dürrenmatt?
   3 Warum will Dürrenmatt durch das Groteske die Zuschauer von dem Geschehen auf der Bühne verfremden?
   4 Welche Requisiten haben eine wichtige Funktion in dem Stück?
   5 Auf welche zwei Weisen repräsentiert die Sprache der Güllener ihre gemeinsame Denkweise?

Interpretation

4 Beurteilen Sie den Erfolg der Gattung der tragischen Komödie, wie sie von Dürrenmatt in diesem Stück präsentiert wird.

Schreiben Sie einen Aufsatz zu diesem Thema.

GRADE BOOSTER

In your exam it is important to read the essay question carefully. Here you are asked not only to describe the genre but also to evaluate its success. If you fail to do the latter you will not gain a high mark.

Der Stil des Dramatikers

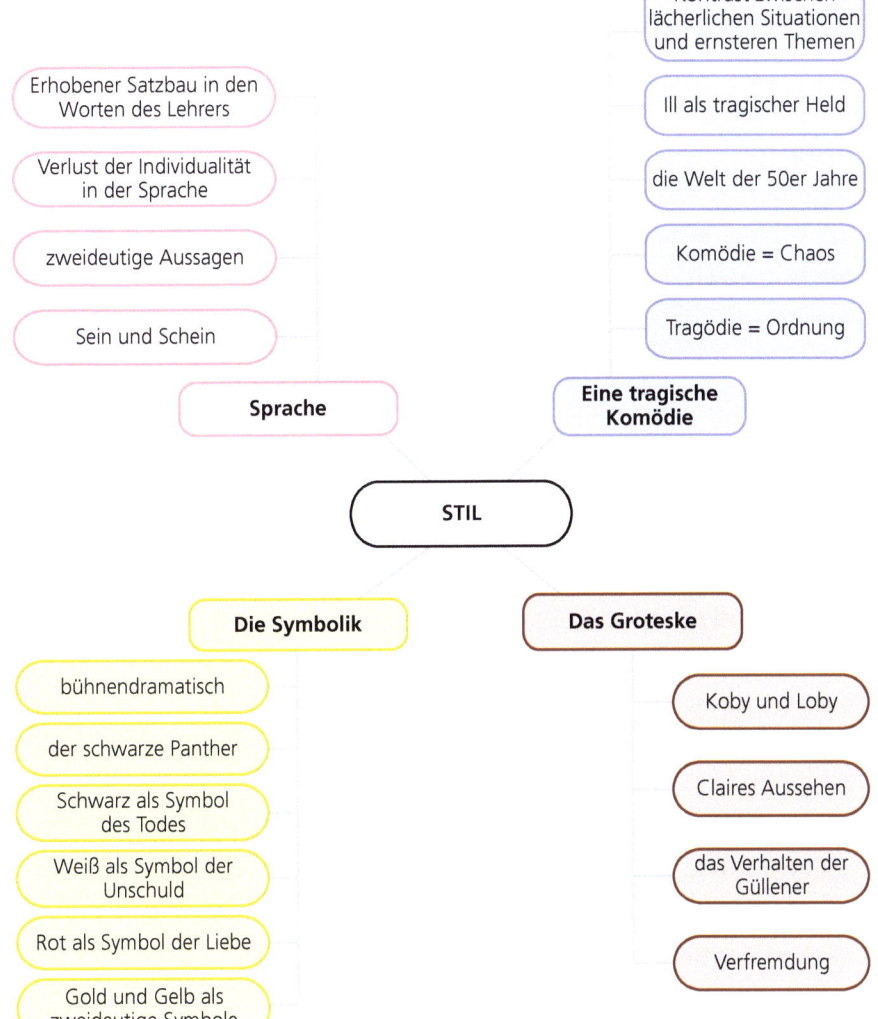

Vokabular

die Absicht intention
Abstand gewinnen to gain distance
die Anspielung allusion
ausdrücken to express
benutzen to use
betonen to stress, to emphasise
die Bildersprache imagery
die Botschaft message
darstellen to represent
erhoben elevated
die Gattung genre
der Gebrauch use
herabsetzen to degrade
hervorheben to emphasise
lächerlich ridiculous
die Methoden techniques
oberflächlich superficial
präsentieren to present
der Protagonist protagonist
Requisiten props
der Satzbau syntax
scherzhaft humorous
schockieren to shock
die Verbindung connection
verfremden to alienate
verschleiern to disguise
versinnbildlichen to symbolise
vertreten to represent
voraussetzen to presuppose
wiederholen to repeat
wirken als to have an effect as
die Wirkung effect
die Wortwahl choice of words
zeigen to show
der Zweck purpose

7 Exam advice

Den Aufsatz planen

Planning is an important part of your examination time. As a rough guide you should spend about 10 minutes planning your essay, 50 minutes writing it and 5 minutes checking it.

A well-planned essay makes points clearly and logically so that the examiner can follow your argument. It is important to take time to devise a plan before you start writing. This avoids a rambling account or retelling the story of the work you are writing about. The following may help you to plan your essay well:

- Read the essay question carefully. Make sure you have understood what you are being asked to do rather than focusing on the general topic.
- From the outset it is sensible to plan your essay in the target language. This will prevent you writing ideas that you are not able to express in the target language.
- Focus on the key words. For example, you may be asked to analyse, evaluate, explore, explain. Look for important key words such as *inwiefern, aus welchen Gründen* and *wie*.
- Select the main point you want to make in your essay and then break this down into sub-sections. Choose relevant information only. Avoid writing an all-inclusive account that occasionally touches on the essay title.
- Decide on the order of the main ideas, which become separate paragraphs. Note down linking words or phrases you can use between paragraphs to make your essay flow as a coherent and logical argument.
- Select one or two relevant and concise quotations that you can use to illustrate some of the points you make.
- Think about the word count for the essay. The examination boards stipulate the following word counts:

	AS	A-level
AQA	Approximately 250 words	Approximately 300 words
Edexcel	275–300 words	300–350 words
WJEC	Approximately 300 words	Approximately 400 words
Eduqas	Approximately 250 words	Approximately 300 words

- Consider how many words to allocate to each section of your essay. Make sure that you give more words to main points rather than wasting valuable words on minor details.
- Finally, consider how to introduce and conclude your essay, ensuring that you have answered the question set.

A well-planned essay will have an overall broad structure as follows:
- **Introduction**: you should identify the topic without rewriting the essay title. You should state your position on the issue.
- **Body of the essay**: in several paragraphs you should give evidence to support a number of main points.
- **Conclusion**: here you should summarise your ideas and make a final evaluative judgement without introducing new ideas.

Den Aufsatz schreiben

Methode

Now you have to put flesh on the bones of the plan that you have drafted by writing a structured response to the essay question.
- Remember that you are writing for a person who is reading your essay: the content should interest your reader and you should communicate your meaning with clarity and coherence.
- It is important to be rigorous in sticking to your plan and not to get side-tracked into developing an argument or making a point that is not relevant to the specific essay question. Relevance is always a key criterion in the examination mark schemes for essays, so make sure that you keep your focus throughout on the exact terms of the question. Don't be tempted to write all that you know about the work; a 'scattergun' approach is unproductive and gives the impression that you do not understand the question and are hoping that some of your answer 'sticks'.
- It is important to think on your feet when writing an examination essay. If you produce a pre-learnt essay in an examination, in the hope that that will fit the title, you will earn little credit, since such essays tend not to match what is required by the title, and give the impression that you do not understand the question.
- If you are completing an AS examination, the question might require you, for example, to examine a character or explain the theme of the work. You will also have a list of bullet points to help you focus on the question. Ensure that you engage with these guidance points, but be aware that they do not in themselves give you a structure for the essay. At A-level you will normally have a statement requiring you to analyse or evaluate an aspect of the work.
- Since examination essays always have a suggested word limit, it is important to answer as concisely as you can. It should always be possible to write a meaningful essay within the allocated number of words.

Struktur

1 Die Einleitung

The introduction gives you the opportunity to show your understanding of the work. It should be a single paragraph that responds concisely to the essay question. In a few sentences you should explain to your reader what you understand the question to mean, identify issues it raises and say how you are going to tackle them. Avoid statements in the target language that equate to 'I am now going to demonstrate …' or 'This essay is about …'.

2 Der Hauptteil des Aufsatzes

- This part will be divided into a number of interconnected paragraphs, each of which picks up and develops the points raised in your introduction.
- Each paragraph should be introduced with a sentence stating what the paragraph is about.
- Make sure you follow a clear pathway through your paragraphs, leading to your conclusion. This requires skills of organisation, in order to ensure the smooth development of your argument. You should move from one facet of your argument to the next, linking them conceptually by, for example, contrast or comparison.
- Each paragraph will have an internal logic, whereby you examine a separate point, making your argument and supporting it with examples and quotations. For example, your essay title might lead you to examine the pros and cons of a statement, with the argument finely balanced. In this case you can dedicate one paragraph to discussing the pros in detail, another to the cons and a third to giving your decision on which view is the more persuasive and why.

3 Der Schluss

Read through what you have written again and then write your conclusion. This should summarise your argument succinctly, referring back to the points you raised in your introduction. If you have planned your essay well, there should be no need to do anything other than show that you have achieved what you set out to do. Do not introduce new ideas or information.

Sprache

- Linkage of the paragraphs is both conceptual, i.e. through the development of connected ideas in the body of the essay, and linguistic, i.e. through expressions that link paragraphs, sentences and clauses. These expressions are called:
    - contrast (*trotzdem, andererseits, umgekehrt, im Gegensatz*)
    - explanation (*das heißt, anders gesagt, das bedeutet*)
    - cause/result (*infolgedessen, deshalb, aus diesem Grund*)
    - additional information (*außerdem, des Weiteren, genauso*)
    - ordering points (*erstens, dann, übrigens*)
- When writing your essay, a degree of formality is necessary in your style. Be attentive to the register you use, especially the differences between written and spoken language. Avoid colloquial language and abbreviations.

- It is important to learn key quotations from the work and to introduce them in order to support aspects of your argument. When quoting, however, be careful not to make the quotation a substitute for your argument. Quotations should illustrate your point aptly and not be too long. Resist the temptation to include quotations that you have learned if they are not relevant to the essay question.
- In a foreign language examination, accurate language is always an assessment factor. Review your finished essay carefully for errors of grammar, punctuation and spelling. Check especially verb endings, tenses and moods, and adjective agreements. You should employ a good range of vocabulary and include terminology related to film or literature (e.g. *Handlung, Charakter, Kapitel, Thema*).

For a list of useful connectives and literature-related vocabulary, see pages 77–78.

Kurze Schreibübungen

It is important that your essay is structured using paragraphs. Since your essay will be between 250 and 350 words depending on what level you are writing at, it is likely that each paragraph will be between 50 and 70 words. It is therefore crucial that you select details from the text with care and use them sensibly, never falling into the trap of retelling the story. The exercises in this section will prepare you for writing full essays.

1 Für jeden Hauptpunkt, den Sie machen, sollten Sie immer Beispiele aus dem Stück geben. Schreiben sie zu den folgenden Hauptpunkten jeweils drei Beispiele.
   1 Güllen ist eine verwahrloste Stadt.
   2 Ab dem Anfang des zweiten Akts steigt der Wohlstand in Güllen allmählich.
   3 Ills Familie spielt eine kleine aber wichtige Rolle.
   4 Claires Gefolge besteht aus einer kuriosen Sammlung von Menschen.
   5 Claire selbst ist eine groteske Figur.

2 Vervollständigen Sie diese Absätze mit einem letzten Satz, damit Sie den Inhalt des Absatzes evaluieren:
   1 Dürrenmatt mischt die Gattungen Tragödie und Komödie in seinem Stück. Auf der einen Seite sehen wir, wie Alfred Ill zu einer heldenhaften Figur wird, indem er seine Schuld und sein Schicksal akzeptiert. Wie ein griechischer Held wird sein Leben von der alten Dame kontrolliert. Auf der anderen Seite lachen die Zuschauer über das komische Aussehen von Claires Gefolge oder die Dummheiten der Gatten. Die Absichten des Dramatikers sind klar. .....
   2 Koby und Loby sind Claires Opfer. Weil sie vor vielen Jahren von Ill bestochen wurden und Meineid geleistet haben, hat sie die zwei Männer aufsuchen lassen. Die zwei Gangster haben sie kastriert und geblendet. Sie haben jetzt keinen anderen Zweck als zu Claire zu gehören. .....

3 Bringen Sie die Sätze in die richtige Reihenfolge, um einen zusammenhängenden Absatz zu bilden:
   1 A Die Zuschauer sehen ein, dass Intellekt und hohe Prinzipien keine Waffen gegen Claires Versuchung sind.
     B Der Arzt ist eine Ausnahme in Güllen, da er ein Auto besitzt.
     C Wie Claire es vorausgesehen hat, stellt er eine falsche Todesursache nach Ills Tod fest.
     D Mit dem Lehrer versucht er umsonst, Claire zum Umdenken zu bringen.
     E Anstatt einen Lehrauftrag an der Universität anzunehmen, hat er sein berufliches Leben seinem Heimatort gewidmet.

DER BESUCH DER ALTEN DAME

2 **A** Die Leute leben von der Suppenanstalt, alle Fabriken sind stillgelegt worden und die Wirtschaft funktioniert überhaupt nicht.
   B Nachdem sie die ganze Stadt aufgekauft hat, hat sie sie zerfallen lassen.
   C Die imaginäre Kleinstadt Güllen ist ein Symbol für Claires Macht über die Welt.
   D Die symbolhafte Funktion der Stadt ist wichtig.
   E Die Verwahrlosung dieser früheren Kulturhauptstadt in Mitteleuropa spiegelt die Verwahrlosung der Einwohner wider.

4 Schreiben Sie einen Absatz zu diesen Personen, indem Sie die angegebenen Ideen berücksichtigen:
   1 Der Polizist: was er in Güllen darstellt / seine Begegnung mit Koby und Loby / was er anschafft / wie er sich in der letzten Szene im Goldenen Apostel verhält und warum
   2 Der Butler: wie er aussieht und was für einen Eindruck er macht / warum Claire ihn angestellt hat / welche Rolle er in der Vergangenheit gespielt hat / was mit ihm nach Ills Tod geschehen wird

5 Schreiben Sie einen Absatz zu diesen Themen, indem Sie die angegebenen Ideen berücksichtigen:
   1 Prostitution: wie Claire von Männern in ihrem Leben ausgenutzt wurde / die Folge davon / die Welt als Bordell
   2 Skrupellosigkeit: Ill als skrupelloser Mensch in der Vergangenheit / die Skrupel der Güllener / ob Claire auch skrupellos geworden ist

6 Schreiben Sie einen Absatz zu diesen Schlüsselstellen, indem Sie die angegebenen Ideen berücksichtigen:
   1 Am Bahnhof am Ende des zweiten Akts: wie sich Ill fühlt / wie die Güllener auf ihn reagieren / welchen Eindruck die Güllener auf Ill machen / warum er nicht in den Zug einsteigt
   2 In der Peterschen Scheune im dritten Akt: die Bedeutung der Peterschen Scheune für Claire / Claires Aussehen / wie Claire auf die Bitten des Lehrers und des Arztes reagiert / wie die Szene endet

7 Schreiben Sie jeweils einen Absatz von 50 bis 70 Wörtern zu jedem ersten Satz, ohne dass Sie einfach den Inhalt des Stücks wiederholen:
   1 In der allerersten Szene am Bahnhof erfahren wir viel über die Güllener.
   2 Als Claire ihre Bedingung nennt, ist die ganze Gemeinde schockiert.
   3 Claires erster Auftritt ist ganz anders als erwartet.
   4 Der Bahnhof spielt eine wichtige Rolle in diesem Stück.
   5 Claires elegantes Aussehen verbirgt eine brutale Frau.
   6 Für Ill gibt es keinen Ausweg, denn er muss seine Schuld anerkennen.
   7 Unter den Güllenern ist der Pfarrer eine Ausnahme.
   8 Claire fragt den Turner, ob er schon jemanden erwürgt habe.
   9 Dürrenmatt benutzt viele Anspielungen auf die griechische Mythologie in seinem Stück.
   10 Dürrenmatt hält die Zuschauer mit Absicht auf Distanz.

Nützliche Vokabeln für Aufsätze

Als Einleitung

Am Anfang des Stücks At the beginning of the play …

Das Stück handelt von … The play is about …

Ein beständiges Thema in dem Werk ist … A constant theme in the work is ….

Im ersten/zweiten/dritten Akt in the first/second/third act

Meinungen

Ich bin der Meinung/Ansicht dass, … I am of the opinion that …

Meiner Meinung nach In my opinion

Meines Erachtens In my opinion …

Beispiele

Auf diese Weise In this way

Ein typisches/weiteres/wichtiges Beispiel ist … A typical/further/important example is …

Das interessanteste Beispiel ist vielleicht … The most interesting example is perhaps …

Der Autor / Die Autorin verwendet … , um … zu … The author uses … in order to …

Dieses Beispiel / Diese Szene / Dieses Kapitel illustriert / macht klar, dass / verdeutlicht … This example / this scene / this chapter illustrates / makes it clear that / shows clearly …

Diese Beispiele führen zur logischen Schlussfolgerung, dass … These examples lead to the logical conclusion that …

Vergleiche

Ähnlicherweise Similarly

Im Gegensatz zu … In contrast to …

Im Gegenteil On the contrary

Im Vergleich zu (+ *Dativ*) … / verglichen mit (+ *Dativ*) … In comparison with …

Einerseits … andererseits … On the one hand … on the other hand …

Auf der einen Seite … auf der anderen Seite On the one hand … on the other hand

Aus zwei Perspektiven From two perspectives

Und umgekehrt And vice versa

Zur Interpretation

Die Absicht des Dramatikers ist ... The dramatist's intention is ...

Man kann auch ... erwähnen One can also mention ...

Gewissermaßen To a certain extent

In mancher Hinsicht In many respects

Insbesondere / Im Besonderen especially

Genauer gesagt, ... More exactly, ...

Außerdem / Darüber hinaus Furthermore

Trotzdem Nevertheless

Zudem ... In addition ...

Vor allem Above all

Der Grund dafür ist ... The reason for that is ...

Aus diesem Grund kann man sagen, dass ... For this reason one can say that ...

Das Stück lässt offen, ob ... The play begs the question whether ...

Die Zuschauer wissen nicht genau, ob ... The audience does not know exactly whether ...

Oberflächlich gesehen On a superficial level

Symbolisch gesehen Seen symbolically

Viele Themen lassen sich bemerken Many themes can be seen

Zusammenfassung

Ohne Zweifel Without doubt

Wie ich das sehe, ... As I see it ...

Ich bin davon überzeugt, dass ... I am convinced that ...

Es ist nicht zu bezweifeln, dass ... It can't be doubted that ...

Im Großen und Ganzen ... On the whole ...

Im Allgemeinen In general

Im Grunde genommen Basically

Schließlich kann man sagen, dass ... Finally it can be said that ...

Zum Schluss / abschließend In conclusion

Kurz gesagt ... Put briefly ... / In a few words ...

Letztendlich ultimately

Es scheint also, dass ... It therefore appears that ...

Zusammenfassend kann man sagen, dass ... In summary one can say that ...

Am Ende des Stücks ... At the end of the play ...

Ich habe den Eindruck, dass ... I have the impression that ...

Daraus lässt sich schließen, dass ... It can be concluded that ...

8 Sample essays

When you have written your essay, you will be awarded marks for the quality of your response, which should be analytical and critical and focused on the essay title that you are given. At AS the title will be supported by some suggested areas to discuss in the form of bullet points, although these are merely suggestions. You must show an ability to select relevant material from the play and to organise it logically so that your essay flows. When you make a point you must be sure to give examples and to justify your points of view.

In addition you will gain marks for the quality of your written German. Whether at AS or A-level you should aim to use the best German of which you are capable, ensuring that you use as wide a range of complex structures as possible. You must also demonstrate correct use of literary terminology.

The following essays are designed to give you an idea of how to structure an essay within the suggested word count. The German used is accurate, but in the examiner commentary you can read about the strengths and weaknesses of each essay. For each essay title there is one example at grade C and one at grade A.

AS essays
Beispiel 1

Untersuchen Sie die Wirkung von Claires Besuch auf die anderen Personen in diesem Stück.
Sie könnten die folgenden Stichpunkte benutzen:
- erste Reaktionen auf Claires Besuch
- der Grund für den steigenden Konsum
- die Wirkung auf Alfred Ill
- wie sich die Personen im Stück ändern

Student A

Claire kommt nach Güllen und bietet der Stadt eine enorme Geldsumme an, die für sie sehr wichtig sein könnte. Zuerst sind die Güllener ekstatisch, bis sie ihre Bedingung nennt. Dann lehnt der Bürgermeister ihr Angebot im Namen der Stadt ab, weil es unmenschlich wäre, Ill zu töten.

Allmählich steigt der Konsum. Der Grund dafür ist, dass die Güllener sehr arm sind und dass sie bessere Waren und einen besseren Lebensstil für sich wollen. In Ills Laden kaufen die zwei Frauen bessere Milch und bessere Schokolade. Später

DER BESUCH DER ALTEN DAME

> kaufen die Güllener Luxusartikel auf Kredit, wie eine neue Schreibmaschine, ein Radio oder ein Auto.
>
> Ill hat verschiedene Reaktionen auf Claires Besuch. Er denkt zuerst an ihre Jugendliebe zurück, weil er der nächste Bürgermeister werden will. Im Konradsweilerwald flirtet er sogar mit Claire. Als er ihre Bedingung hört, schreit er und sagt, dass die Geschichte verjährt ist. Dann wird er hektisch, weil die Güllener so viele neue Sachen kaufen und er sucht Hilfe von dem Polizisten, dem Bürgermeister und dem Pfarrer. Aber niemand will ihm helfen. Als er versucht zu fliehen, kann er nicht in den Zug steigen, denn er muss in Güllen bleiben, um sich mit seiner Vergangenheit auseinanderzusetzen. Er hat schließlich Claire im Stich gelassen und sie in ein Leben der Prostitution geschickt.
>
> Alle Leute außer Claire ändern sich im Laufe des Stücks. Im dritten Akt ist Ill eine andere Person. Seine verschiedenen Reaktionen auf Claires Besuch sind jetzt vergessen und er wird eine starke Figur, der eine individuelle Entscheidung treffen kann. Im Gegenteil verstecken sich die Güllener hinter der Gemeinde: Sie sprechen mit einer Stimme und tun, als ob sie auf einer höheren sittlichen Ebene wären.
>
> (275 words)

Kommentar

The essay addresses the question reasonably well and the candidate selects relevant examples from the play to illustrate the points made. However, the overall structure is weakened by the lack of strong opening and closing paragraphs that might unify the argument. In particular, the essay ends abruptly without any attempt to draw conclusions from the preceding paragraphs.

The candidate uses the bullet points from the question to help structure the ideas. However, there is an over-reliance on narrative of the plot rather than on real evaluation of each detail. In paragraph three, for example, the candidate tells the story and falls into the trap of steering off-course, relating details about Ill's predicament that are not wholly relevant to the essay.

A further weakness is in a lack of evaluation at each stage in the essay. The second paragraph starts with a clear statement followed by good examples. However, no attempt is made to evaluate the point of this paragraph with a sentence such as 'Claires Besuch scheint eine positive Wirkung auf die Stadt zu haben.'

Notwithstanding, the candidate addresses some of the issues raised by the question and in particular in the final paragraph contrasts the various reactions to Claire's arrival both between different characters and over the duration of the play.

Student A would be likely to receive a mark in the middle band for AO4.

Student B

> Am Anfang erwarten die Güllener Claire mit großer Spannung. Sie könnte schließlich die Stadt aus der Armut befreien. Jedoch sind die Folgen von Claires Ankunft anders als erwartet.
>
> Zuerst schockiert Claire die Güllener mit ihrem großzügigen Geschenk an den Zugführer, der eine Stiftung für Eisenbahnwitwen gründen soll. Dann sind sie etwas beunruhigt von den seltsamen Fragen, die sie an den Arzt und den Polizisten stellt. Trotzdem ist die Aufregung groß, denn der Bürgermeister und Ill glauben Claire „im Sack" zu haben. Aber ihre ersten Hoffnungen werden bald zerschlagen.
>
> Nachdem Claire ihr Angebot gemacht hat, zeigen die Güllener enorme Empörung. Aber die darauffolgende Reaktion ist der steigende Konsum, der auf der Hoffnung basiert, dass jemand Ill doch töten wird. Allmählich bauen sie sich ein besseres Leben auf, das auf Kredit beruht. Dabei vergessen sie die hohen Werte, die ein Merkmal der Stadt sein sollten. Unter dem Schein eines wirtschaftlichen Aufschwungs hat Claires Besuch einen negativen Einfluss auf die Güllener.
>
> Genauso betroffen von ihrem Besuch ist Alfred Ill selbst. Für ihn führt der Besuch zu einer Auseinandersetzung mit seiner Vergangenheit, denn die alte Dame ist für ihn wie eine Schicksalsgöttin, die sein Leben kontrolliert. Er wird gezwungen, seine frühere Schuld als Lügner, Bestecher und Schuft zu akzeptieren.
>
> Die interessante Reaktion auf Claires Besuch ist also, wie sich die Personen ändern. Während Alfred Ill eine positive Änderung durchmacht, werden die Güllener zu Mördern. Ill erinnert sie daran, dass sie sich beschuldigen, indem sie ihn töten. Sie werden sich auch eines Tages mit der Vergangenheit auseinandersetzen müssen.

DER BESUCH DER ALTEN DAME

> *Claires Besuch ist ein entscheidender Moment für die Stadt. Jeder muss sein Gewissen durchforschen, um die richtige Reaktion zu finden. Am Ende zeigt uns Dürrenmatt, dass die Menschen zu schwach sind, um die Versuchung des Geldes zu widerstehen.*
>
> (291 words)

Kommentar

The essay begins with three clear sentences that immediately give the essay a sense of direction. The candidate intends to show how the reactions to Claire's visit do not meet the townspeople's expectations. Often it is easy to understand how an essay flows simply by reading the opening sentence of each paragraph. This essay is well structured, with each paragraph having a clear point introduced by a good key sentence. In addition, the paragraphs are well linked so that the candidate's points flow smoothly from one to the other.

The supporting evidence from the play is extremely carefully chosen and illustrates each point well. At each stage, the candidate has kept in mind the focus of the essay and has never resorted to retelling the story.

The penultimate paragraph shows good exploration and analysis of the topic by contrasting the positive change in Ill's character with the negative change in the people of Güllen. Here, there is an allusion to the wider implications of the play with reference to the consequences of their reactions in the future. With similar analytical skill, the candidate provides a strong conclusion by assessing Dürrenmatt's intentions.

Student B would be likely to receive a mark in the top band for AO4.

Beispiel 2

> Beurteilen Sie die Wichtigkeit des Bürgermeisters in diesem Stück.
> In Ihrer Antwort könnten Sie Folgendes behandeln:
> - seine Rolle als politischer Vertreter in der Gemeinde
> - seine Gespräche mit Alfred Ill
> - inwiefern man sein Handeln entschuldigen kann

Student A

> *Der Bürgermeister ist eine wichtige Person in Der Besuch der alten Dame. Am Bahnhof denkt er mehr an seinen Zylinder und an seine Frau, denn er will die wichtigste Person der Stadt sein. Die anderen Güllener brauchen ihn als ihr Vertreter. Er steht am Ende des ersten Akts auf und lehnt Claires Angebot ab. Später besucht er Alfred Ill in seinem Laden und macht den Vorschlag,*

dass er Selbstmord begehen soll. Das finde ich unakzeptabel und unnötig. Alfred Ill hat sowieso schon seine Angst überwunden.

Im Goldenen Apostel im ersten Akt ist er sehr stolz, dass er die alte Dame empfangen hat. Er glaubt, dass sie der Stadt viel Geld schenken wird.

Er hat zwei wichtige Gespräche mit Alfred Ill. Im zweiten Akt erzählt er Ill, dass er ihm nicht helfen kann. Im dritten Akt macht er den Vorschlag, dass er Selbstmord begehen soll, und er gibt ihm sogar ein Gewehr. Der Bürgermeister ist wie alle anderen Leute in der Stadt. Er will die Verantwortung für Ills Tod nicht auf sich selbst nehmen.

Meiner Meinung nach kann man das Handeln des Bürgermeisters nicht entschuldigen. Als Vertreter der Stadt sollte er stark genug sein, um Claires Angebot zu widerstehen. Er sollte ein Vorbild für die Bürger sein. Aber er ist gierig und kauft eine neue Schreibmaschine und macht Pläne für Güllen. Das kostet alles Geld, das er noch nicht hat. Die Schulden, die er macht, müssen von Claires Geld kommen. Wer wird Ill töten? Der Bürgermeister will es nicht tun, weil er zu feige ist.

(254 words)

Kommentar

Using the bullet points in the question as a framework, the candidate writes a reasonably coherent answer. A good knowledge of the play is displayed throughout, with some good examples picked to show how the mayor emerges as a coward and a bad political leader.

The candidate also concludes that the mayor's actions are not excusable and gives reasons for this view. However, the introduction of new details in the final paragraph means that the ending does not draw all the points of the essay together in a satisfactory way.

Some points are not exploited fully enough. The second paragraph merely restates a point made in the opening paragraph. It would have been better to deal with the mayor's lines at the end of the first act in a separate paragraph, explaining their significance and drawing conclusions about the contrast between his stated objections to Claire's offer and his subsequent actions.

The descriptions of the discussions with Ill show a reasonably good knowledge of the text. However, again, the links to his character are not made clearly enough.

DER BESUCH DER ALTEN DAME

Throughout the essay the candidate uses a rather stilted style. For example, the sentence 'Aber er ist gierig und kauft eine neue Schreibmaschine und macht Pläne für Güllen' would be better without the repeated use of 'und' as a link word. As always, it is important to practise using a range of more complex structures in literature essays.

Student A would be likely to receive a mark in the middle band for AO4.

Student B

Der Bürgermeister spielt eine wesentliche Rolle in diesem Stück sowohl als Vertreter der Güllener Gemeinde und als Freund von Alfred Ill. Seine Autorität macht sich schon in der ersten Bahnhofsszene bemerkbar, als er die Vorbereitungen auf Claires Ankunft übersieht, und sie erreicht einen Höhepunkt am Ende des ersten Akts als er mit großer Empörung Claires ungeheuerliches Angebot im Namen der Stadt ablehnt.

Jedoch sieht man auch von Anfang an, dass er eine betrügerische Natur hat und bereit ist, die Wahrheit zu seinen eigenen Zwecken zu verdrehen. Aus ein paar unwichtigen Bemerkungen von Ill stellt er eine Begrüßungsrede zusammen, die Aspekte von Claires Vergangenheit verzerrt, damit sie gut klingen. Im Laufe des Stücks zeigt er sich allmählich als eine feige, hinterlistige Person.

Mit Ill hat er ein besonderes Verhältnis. Obwohl er anfangs Ill als seinen Nachfolger preisen will, ändert sich seine Meinung ihm gegenüber und als Ill ihn um Hilfe bittet, verachtet er Ills schlechte Handlung von Claire. Dass er genau so schwach ist wie seine Mitbürger, sehen wir in der Tatsache, dass auch er Schulden macht: Er hat eine neue Schreibmaschine für das Rathaus gekauft und macht Pläne für die Sanierung des Stadthauses.

Im dritten Akt erreicht er einen Tiefpunkt als Feigling, als er Ill vorschlägt, dass dieser Selbstmord begehen sollte. Das könnte ihn und die anderen aus einer Zwangslage retten. Seine Worte zu Ill in dieser Szene sind direkt. Man könnte behaupten, dass er eine böse Figur ist, der sich hinter seinem Amt versteckt.

Aber andererseits kann man sein Handeln verstehen. Dürrenmatt zeigt uns, wie hilflos er und die anderen gegen die Macht der Milliardärin sind. Als normaler Mensch nimmt er Claires Check am Ende, als ob er unschuldig wäre.

(281 words)

Kommentar

The range of examples given in this essay shows a much deeper knowledge of the text than was evident in the previous essay. The concise description of the mayor's misuse of facts in his speech is cleverly contrasted with his indignation at the end of the first act. The candidate then skilfully draws the conclusion that he is cowardly and deceitful.

The mayor's changing attitudes towards III are clearly expressed. Again, the candidate picks examples to illustrate a character trait, in this case his weakness that defines him as no different to the other townspeople.

A particular strength of this essay is the contrast between the mention of the 'Höhepunkt' in the first paragraph and the 'Tiefpunkt' in the fourth paragraph. This highlights the mayor's complete volte-face regarding his reaction to Claire's demand for III's death. Furthermore, it allows the candidate to address the final issue of whether the mayor's actions can be justified. Interestingly, this candidate decides that they can, referring to Dürrenmatt's intentions to portray the negative power of money on human beings who are unable to withstand the lure of riches.

Student B would be likely to receive a mark in the top band for AO4.

A-level essays
Beispiel 3

> Analysieren Sie, wie erfolgreich die Symbolik in diesem Stück ist.

Student A

> In diesem Stück benutzt Dürrenmatt viele wichtige Symbole mit Personen, Gegenständen und Farben, die sehr erfolgreich sind.
>
> Viele Personen im Stück symbolisieren einen Aspekt der Stadt. Der Bürgermeister steht für politisches Recht; der Polizist für gesetzliche Ordnung; der Priester für sittliche Ordnung; der Lehrer für Kultur und Bildung. Diese Leute stehen in Gegensatz zu Alfred Ill, der zu einem wahren Individuum wird.
>
> Der schwarze Panther symbolisiert Alfred Ill. Claire bringt dieses Tier in einem Käfig nach Güllen mit. Aber es entkommt und wird von den Güllenern gejagt. Schließlich töten sie den Panther. Das passiert auch mit Alfred Ill. Es ist wichtig zu bemerken, dass der schwarze Panther auch Claires Kosename für Alfred war, als sie jung waren. Sie wollte ihn in einen Käfig einsperren und ihm keine Freiheit erlauben, weil sie ihre Männer kontrolliert.

> *Es ist wichtig, dass der Panther schwarz ist, denn in diesem Stück symbolisiert Schwarz den Tod. Claire bringt einen Sarg für Ill mit und ihre Kleider sind schwarz, weil sie nur an Ills Tod denkt.*
>
> *Rot ist die Farbe der Liebe. Claire hat rote Haare und sie bekommt rote Rosen bei ihrer Ankunft, weil sie hier in der Stadt Alfred Ill geliebt hat.*
>
> *Gelb ist die Farbe des Reichtums. Claires goldenes Lächeln ist ein Symbol dafür, dass sie viel Geld hat. Und die Güllener wollen alle reich sein. Deshalb hat der Polizist zum Beispiel einen neuen Goldzahn im Mund, was Ill schockiert. Als der Wohlstand in Güllen steigt, machen die Güllener Schulden und plötzlich erscheinen sie alle mit gelben Schuhen. Das ist erfolgreich, weil das symbolisiert, dass der steigende Wohlstand sie alle gleich macht. Claire hat ihre Individualität weggenommen mit ihrem Angebot von Reichtum. Die Güllener können moralische Entscheidungen nicht mehr allein machen und das ist ein Hauptthema des Stücks.*
>
> *Meiner Meinung nach sind die Symbole in dem Stück sehr erfolgreich, weil sie das Stück eine tiefere Bedeutung geben.*
>
> (314 words)

Kommentar

One-sentence paragraphs in an essay are never a good idea. This essay begins and concludes with examples of these, which may well provide very straightforward statements but do not serve well as opening or concluding paragraphs of the essay.

The candidate makes an attempt to organise the symbols into three groups: people, objects and colours. However, the paragraphs that follow do little more than list the symbols. The mention of objects is mixed up with the symbolism of colours.

The third paragraph gives a full description of the significance of the symbolism of the black panther. Here there is also some evidence of analysis by pointing out the similarity between this and Ill's fate at the hands of the townspeople. The candidate also makes a successful link from this to the symbolism of the colour black.

Only in the sixth paragraph does the candidate get to grips with the main thrust of the essay question, which is not only to describe the symbols used in the play but also to evaluate their success. Consequently, although the candidate clearly understands the use of some of the symbols in the work, the essay does not focus on the main point raised by the question.

Student A would be likely to receive a mark in the middle band for AO4.

Student B

Dürrenmatts Ziel war, seine Stücke bühnenatmosphärisch zu machen, damit die Zuschauer die Handlung durch optische Anspielungen verstehen würden, die seine Ideen klar machten. Deshalb gibt es eine Vielzahl von Symbolen, die die Zuschauer interpretieren müssen, um ein besseres Verständnis des Stücks zu haben.

Schon der Name der Stadt Güllen spielt eine symbolische Rolle. Mit einer Anspielung auf Gülle, ein Düngemittel in der Agrikultur, macht Dürrenmatt deutlich, dass die Stadt verwahrlost und verfault ist. Der Erfolg des Symbols besteht darin, dass die Verwahrlosung verschwindet, als der Wohlstand steigt. Das Bühnenbild ändert sich allmählich, zum Beispiel mit einem sanierten Bahnhof oder mit einer besseren Apostelfigur für das Hotel, bis am Ende die einst graue Stadt in eine blitzende Großstadt verwandelt ist.

Auch akustisch betont Dürrenmatt die Hauptideen. Die Bahnhofsglocke, die vor kommenden Zügen warnt, warnt auch vor der Ankunft einer Gefahr; die Feuerglocke begrüßt die Schicksalsgöttin, Claire, die sich auf ihren Jungendliebhaber rächen will; die Türglocke in Ills Laden klingt zuerst dünn, wird aber mit dem steigenden Wohlstand immer lauter. Dieses akustische Symbol erreicht einen Höhepunkt mit der neuen Glocke in der Kirche. Der Pfarrer beschreibt den schönen Ton als „die Glocke des Verrats". Symbole können also zweideutig sein.

Diese Zweideutigkeit ist auch in der Symbolik der Farben zu sehen. Während das Schwarz des Sarges oder von der Brille des Butlers die Gefahr und den Tod symbolisiert, verkörpert Rot die Liebe. In Claire werden die zwei Ideen zusammengebracht, denn sie trägt schwarze Kleider und hat rote Haare. Darüber hinaus ist der schwarze Panther ein Symbol für Ill. Das Tier ist gefangen, entkommt, wird von den Güllenern gejagt und getötet, genau wie sie es mit Ill machen.

> Am erfolgreichsten sind die gelben Schuhe. Geld ist sofort mit Gold zu verbinden und die Schuhe symbolisieren Reichtum, genau wie Claire ein goldenes Lächeln hat. Aber auch der herbstliche Konradsweilerwald wird gelb, als die Blätter am Boden sterben. Dadurch versteht man dieses Symbol nicht nur als Symbol für steigenden Wohlstand sondern auch für Gier und moralische Verschuldung.
>
> Die Symbolik dieses Stücks ist komplex. Dadurch regt Dürrenmatt die Zuschauer zum Denken an, damit sie die Themen besser verstehen.

(351 words)

Kommentar

The great strength of this essay is that it makes the link between the symbolism in the play and Dürrenmatt's intention of presenting the audience with stage pictures to make them think. Dealing with the play as drama helps the candidate to focus on how successful the symbols will be in performance.

The symbols are categorised in different ways. Firstly, the candidate refers to the visual change in the set. As Güllen becomes more prosperous, so it develops gradually from a ruined town to a sparkling new metropolis. Secondly, the candidate addresses the sophisticated symbolism of the bells and shows how the acoustic impact culminates in a well-chosen quotation from the priest, who describes the new church bell as the bell of betrayal.

This leads neatly on to the visual impact of colour symbolism, since the candidate has shown how symbols can be ambiguous. The examples chosen to illustrate the significance of black, red and gold are carefully chosen and described concisely. The candidate then chooses the symbol of the gold shoes as the most successful symbol, showing an ability to categorise the chosen examples from the text in a meaningful way.

Despite the final short paragraph, this is a highly sophisticated essay that goes well beyond merely listing the symbols used. The excellent analysis of the symbols in the play moves from the purely descriptive to the analytical and uses more abstract concepts than were evident in the previous candidate's essay.

Student B would be likely to receive a mark in the top band for AO4.

Beispiel 4

> Erklären Sie, was das Wort „Gerechtigkeit" in diesem Stück bedeutet.

Student A

Das Stück handelt von einer alten Frau, die nach Güllen zurückkommt, um Gerechtigkeit zu suchen. Vor langer Zeit hat Alfred Ill Claires Leben zerstört. Sie waren jugendliche Liebhaber und sie wurde schwanger. Weil er ihre Schwangerschaft bestritten hat, hat er zwei Männer mit einem Liter Schnaps bestochen. Sie sagten, dass sie mit Claire geschlafen hätten. Infolgedessen wurde Claire eine Dirne in Hamburg und ihr Leben war zerstört. Jetzt will sie Ill zur Rechenschaft ziehen. In ihren eigenen Worten sagt sie:

> Die Welt machte mich zu einer Hure, nun mache ich sie zu einem Bordell.

Aber was sie als Gerechtigkeit versteht, ist etwas anderes. Wegen ihrer schlechten Lebenserfahrungen als Prostituierte und Opfer eines Flugzeugabsturzes ist Claire zu einer grotesken Frau geworden – äußerlich und innerlich. Für sie ist Gerechtigkeit Rache. Ihr Motto könnte sein: Auge um Auge, Zahn um Zahn. Sie selbst erzählt, dass ihr Leben stehen geblieben ist, während alle anderen Leute weitergelebt haben. Sie ist rachesüchtig und entschlossen, Alfred Ill zu bestrafen.

Deshalb hat sie ihr ganzes Leben diesem Ziel gewidmet. Die Leute, die sie jetzt als Gefolge hat, sind die Leute, die früher für Gerechtigkeit hätten sorgen sollen. Der Butler ist der ehemalige Richter und Koby und Loby sind die zwei falschen Zeugen bei der Vaterschaftsklage. Sie hat diese zwei Männer für ihr Meineid bestraft, indem sie sie geblendet und kastriert hat. Weil sie die reichste Frau der Welt ist, kann sie allein entscheiden, was Gerechtigkeit heißt.

In dem Goldenen Apostel schwören die Güllener, dass sie Claires Stiftung annehmen wegen der Gerechtigkeit. Hier machen sie alle einen großen Fehler, denn die Milliardärin hat die Leute in der Stadt mit Geld in Versuchung geführt. Die Güllener stehen jetzt auf Claires Seite und haben eine falsche Vorstellung von Gerechtigkeit.

Dürrenmatt zeigt uns, wie konventionelle Normen wie Gerechtigkeit auf den Kopf gestellt werden können, wenn das Geld eine Rolle spielt.

(309 words)

Kommentar

The inclusion of the quotation in the first paragraph is relevant to the theme of justice as it is interpreted by Claire. However, the description of the past events leading up to her demand for justice is long-winded and largely unnecessary. Nevertheless, the candidate goes on to highlight the contrast between justice and revenge that is at the core of the play.

Despite some good analytical points the essay lacks a really coherent structure. For example, the link from the third to the fourth paragraph is not clear. It seems as if the candidate has simply had another idea. A carefully considered plan would have helped this essay to flow more naturally.

Although some good points are made, the candidate has not considered all aspects of the theme. For example, there is no exploration of how Ill comes to a realisation of what justice means for him and what it will mean for his fellow citizens when they have to face up to their crimes.

Student A would be likely to receive a mark in the middle band for AO4.

Student B

> Der Begriff „Gerechtigkeit" ist ein zentrales Thema in diesem Werk und Dürrenmatt untersucht das Thema, indem er verschiedene Interpretationen vorstellt. Das Stück lässt offen, ob Claire am Ende Gerechtigkeit erlangt hat.
>
> Am Ende des ersten Akts macht Claire den Güllenern bekannt, dass sie Gerechtigkeit will. Vor fünfundvierzig Jahren hat Alfred Ill eine Vaterschaftsklage bestritten, sie wurde als schwangere Jugendliche aus der Stadt gewiesen und wurde Prostituierte. Ills Schuld besteht darin, dass er zwei Zeugen bestochen hatte. Claire will also, dass er für sein Verbrechen bestraft wird.
>
> Die Güllener scheinen zu verstehen, was Gerechtigkeit bedeutet. Die wichtigsten Güllener stehen für diesen Wert, sei es der Polizist, der die gesetzliche Ordnung vertritt, oder der ehemalige Richter, den Claire jetzt als Butler angestellt hat, oder der Bürgermeister, der Claires Angebot im Namen der Stadt ablehnt. Seine Empörung wird von den Güllenern gelobt, denn die Güllener wollen schließlich innerhalb der normalen gesellschaftlichen Ordnung handeln.

Jedoch hat Claire ihre eigene Weltordnung geschaffen, weil sie sich das leisten kann. Ihr Reichtum erlaubt ihr, den Begriff „Gerechtigkeit" zu ihren eigenen Zwecken zu benutzen. Genau wie sie eine fast unmenschliche Figur geworden ist, so wird der Begriff verzerrt und zu etwas Bösem gemacht. Der Lehrer erkennt in ihr eine Art Medea, eine rachesuchende Heldin der Antike, die absolute Gerechtigkeit sucht. Weil Ill ihr Leben zerstört hat, so muss auch sein Leben zerstört werden.

Alfred Ill versteht langsam die genaue Bedeutung von Gerechtigkeit. Was ihn betrifft, existiert Gerechtigkeit nur, wenn man gerecht handelt. Bei dem Gerichtsverfahren hat er ungerecht gehandelt. Jetzt sieht er ein, dass er seine Schuld akzeptieren muss. Aber er erkennt auch, dass die Güllener einen großen Fehler machen. Sie verwechseln Gerechtigkeit mit Strafe und durch ihre Bestrafung von ihm, also durch seinen Mord, machen sie sich auch schuldig. Wie der Lehrer sagt, werden sie auch eines Tages mit einer alten Dame konfrontiert werden.

Das Wort „Gerechtigkeit" wird von den Personen im Stück anders interpretiert. Dürrenmatt stellt uns die Frage, wie Gerechtigkeit erlangt werden kann und ob die Opfer eines Verbrechens allein entscheiden können, was wahre Gerechtigkeit heißt.

(340 words)

Kommentar

The essay is a sophisticated analysis of the theme of justice as it is presented in the play. The candidate has structured the essay carefully as follows:
- justice as a complex central theme
- the reason for Claire's demand for justice
- how Dürrenmatt shows justice as a social tool
- how and why Claire's version of justice is twisted
- what Ill learns about justice
- Dürrenmatt intends his audience to reflect on the nature of justice

DER BESUCH DER ALTEN DAME

This tight plan means that the essay flows well and retelling the story is avoided. Evidence from the play is carefully selected and used sparingly to illustrate each point made.

The essay benefits from a wide-ranging view of the theme. The candidate does not concentrate solely on Claire's twisted view of justice, which turns into revenge. There is also mention of the conventional view of justice in the town, how people's interpretation changes and of Ill's realisation that true justice is reached only when the perpetrator of the crime accepts his guilt.

The candidate shows a good awareness of the use of 'die alte Dame' to represent the nemesis that will come to everyone one day. Just as Ill now has to face up to his past guilt, so the townspeople will eventually have to face up to theirs.

Student B would be likely to receive a mark in the top band for AO4.

9 Top 10 quotations

In your literature essay, you should include no more than two quotations. Choose these carefully to support your argument, although it is not necessary to include any at all. You should always introduce a quotation appropriately and follow it up with some evaluation of its importance. As you study the play, make sure you list and learn relevant quotations and note how they can be used. The following examples may help you.

> **GRADE BOOSTER**
>
> In an essay you may use just a few words from a quotation inserted in inverted commas in your own sentence. If you use the whole quotation, indent it in the body of your essay. However, do not overuse quotations. One quotation used wisely is better than several used at random.

1

„Schauerlich, wie sie aus dem Zuge stieg, die alte Dame mit ihren schwarzen Gewändern. Kommt mir vor wie eine Parze, wie eine griechische Schicksalsgöttin." (Der Lehrer, Erster Akt)

- Die Parzen der griechischen Mythologie waren die Schicksalsgöttinnen, die das Leben des Menschen kontrollierten. Mit ihrem sowohl eleganten als auch grotesken Aussehen erscheint Claire als ein fantastisches **Wesen**, das aus der Unterwelt gestiegen ist. Dass der Lehrer der erste ist, der das **unmenschliche** Groteske in ihrem Charakter und Aussehen **bemerkt**, ist kein Wunder, denn er kennt sich in der griechischen Mythologie gut aus. Und in der Tat stellt es sich heraus, dass Claire die **Macht** besitzt, das Leben der Menschen zu kontrollieren, sei es durch Versuchung mit ihrem **Reichtum** oder mit ihrer Macht über ihr Gefolge.

das Wesen being, creature
unmenschlich inhuman
bemerken to notice
die Macht power
der Reichtum wealth

2

„Du wolltest, daß die Zeit aufgehoben würde, eben, im Wald unserer Jugend, voll von Vergänglichkeit. Nun habe ich sie aufgehoben, und nun will ich Gerechtigkeit, Gerechtigkeit für eine Milliarde." (Claire, Erster Akt)

- Die romantische **Stimmung**, die zwischen Claire und Ill im Konradsweilerwald zu spüren war, verschwindet schnell, nachdem sie den Güllenern im Goldenen Apostel ihr Angebot gemacht hat. Weil sie die finanziellen Mittel hat, will sie, dass die Zeit stehen bleibt. Der Konradsweilerwald mag wohl überwuchert sein, ihr und Ills Körper mögen sich wohl verändert haben, aber sie will die Uhr zurückstellen und sich für Ills **Verrat** rächen. Für sie ist die ganze Welt **käuflich**: nicht nur konkrete Waren oder internationale Geschäfte oder sogar ihr Gefolge, sondern auch die Gerechtigkeit. Ihre Worte hier sind kalt und ohne Emotionen. Dadurch zeigt

die Stimmung atmosphere

der Verrat betrayal
käuflich available for money, corruptible

DER BESUCH DER ALTEN DAME

eine Entscheidung treffen to make a decision

das Ziel goal

sie, dass sie die **Entscheidung** schon **getroffen** hat, dass Ill sterben wird – und nichts wird sie von ihrem **Ziel** abhalten.

3

„Ich lehne im Namen der Stadt Güllen das Angebot ab. Im Namen der Menschlichkeit. Lieber bleiben wir arm denn blutbefleckt." (Der Bürgermeister, Erster Akt)

▼ Als der Bürgermeister mit seinen grandiosen Worten das Angebot des Geldes ablehnt, deutet er auf die noble Vergangenheit der Stadt hin. Wie die anderen Güllener, vor allem der Lehrer, ist er stolz auf die humanistischen Werte, auf denen die Stadt aufgebaut ist. Seine **Empörung** scheint zunächst echt zu sein. Schließlich hat Claire einen Mord verlangt. Jedoch versteht Claire, dass das Versprechen einer riesigen Geldsumme eine viel zu große Versuchung ist. Mit einer **schlichten** Antwort, „Ich warte", zeigt sie, dass er sie nicht **einschüchtern** kann. Doch es dauert nicht lang, bis die Worte des Bürgermeisters vergessen werden. Auch er zeigt seine Schwäche im zweiten Akt, als er Ill Meineid und Misshandlung einer jungen Frau **vorwirft**. Und ganz am Ende des Stücks **klingen** diese Worte hohl, denn die Güllener sind trotz allem durch Ills Mord blutbefleckt.

die Empörung indignation

schlicht simple
einschüchtern to intimidate
vorwerfen to accuse
klingen to sound

4

„So ein Kleinstädtchen bedrückt mich. (…) Keine Größe, keine Tragik. Es fehlt die sittliche Bestimmung einer großen Zeit." (Gatte VIII, Zweiter Akt)

▼ Die **ahnungslosen** Worte von Claires achtem Gatten **passen** in erster Linie zu seinem Beruf. Als Schauspieler ist er **gewohnt**, große tragische Rollen auf der Bühne zu spielen. In dieser **öden** Kleinstadt scheint nichts los zu sein und er langweilt sich. Für die Zuschauer sind seine Worte jedoch geprägt von starker Ironie. Ohne dass er es weiß, jagen die Güllener schon den schwarzen Panther, und Alfred Ill, den der Panther symbolisiert, wandelt sich allmählich in einen wahren modernen Helden um. Die Tragödie von Alfred Ill nimmt ihren Lauf. In der Mitte des zweiten Akts macht Dürrenmatt eine Anspielung auf die zentrale Frage in vielen seiner Werke: Ist die Tragödie möglich in der modernen Welt? Am Ende des Stücks zeigt der Protagonist, dass er doch die **sittliche** Größe besitzt, die dem Gatten VIII hier fehlt.

ahnungslos innocent
passen zu to suit
gewohnt sein to be used to
öd desolate

sittlich moral

5

„Flieh! Wir sind schwach, Christen und Heiden. Flieh, die Glocke dröhnt in Güllen, die Glocke des Verrats. Flieh, führe uns nicht in Versuchung, indem du bleibst." (Der Pfarrer, Zweiter Akt)

▼ Im zweiten Akt hofft Ill, dass der Pfarrer unter den Güllenern eine **Ausnahme** sein wird. Das Haus Gottes sollte ein Ort der **Geborgenheit** sein. Doch auch hier ist der Pfarrer bewaffnet und mit den anderen Güllenern auf der Jagd nach dem schwarzen Panther. Als Ill die neue Glocke tönen hört, weiß er, dass auch der Pfarrer ihn **verraten** hat. Allerdings ist der **Geistliche** eine Ausnahme unter seinen Mitbürgern, denn er erkennt seine Schwäche mit

die Ausnahme exception
die Geborgenheit safety
verraten to betray
der Geistliche cleric

diesen verzweifelten Worten. Ill sollte aus der Stadt fliehen, denn der Pfarrer kann der Versuchung durch seine Anwesenheit nicht **widerstehen**.

widerstehen to resist

„Frau Zachanassian! Sie sind ein verletztes liebendes Weib. Sie verlangen absolute Gerechtigkeit. Wie eine Heldin der Antike kommen Sie mir vor, wie eine Medea." (Der Lehrer, Dritter Akt)

6

- Als der Lehrer und der Arzt, die **Vertreter** der intellektuellen Elite in Güllen, Claire in der Peterschen Scheune **aufsuchen**, wollen sie Claire überreden, ihre Forderung zu vergessen und trotzdem der Stadt aus dem Elend zu helfen. Der Vergleich mit der antiken Heldin Medea passt zu dem Lehrer, der immer wieder in diesem Stück Vergleiche mit der griechischen Mythologie sieht. Er sieht in Claire Aspekte der Medea, die ihre eigenen Kinder ermordet als Rache dafür, dass ihr Ehemann Jason sie für eine andere Frau verlässt. Die starken Emotionen der antiken Heldin sind in Claire zu **spüren**. Sie wurde auch von ihrem Liebhaber verraten und sucht jetzt Rache durch den Tod Alfred Ills. Mit seinen Worten stellt der Lehrer indirekt die Frage, ob **Verzeihung** für frühe Fehler in der Jugendzeit auch möglich wäre. Aber für Claire sind **die Würfel schon gefallen**: Ill muss sterben.

der Vertreter representative
aufsuchen to seek out

spüren to sense, to detect
die Verzeihung forgiveness
die Würfel sind gefallen the die is cast

„Die Welt machte mich zu einer Hure, nun mache ich sie zu einem Bordell. Wer nicht blechen kann, muß hinhalten, will er mittanzen." (Claire, Dritter Akt)

7

- Endlich zeigt Claire hier ihr **wahres** Gesicht. Nicht nur Ill soll sterben, sondern auch die ganze Welt, die ihr in der Stunde ihrer größten **Not** den Rücken gekehrt hat, muss leiden. Was Claire als Gerechtigkeit beschreibt, ist eigentlich Rache. Und sie **rächt sich an** der ganzen Welt. Ihr prostituierendes **Verhalten** hat also nicht im Bordell aufgehört: Sie **besitzt** jetzt die ganze Welt und kann sie ohne Schwierigkeiten kontrollieren, weil sie weiß, wie wenig die Menschen der Verlockung des Geldes widerstehen können. Dass sie die moderne Welt mit einem Bordell vergleicht, ist wohl ein Grund dafür, dass die Uraufführung vielen Schweizern missfiel.

wahr true
die Not need
sich rächen an to take revenge on
das Verhalten behaviour
besitzen to own

„Noch weiß ich, daß auch einmal zu uns eine alte Dame kommen wird, eines Tages, und daß dann mit uns geschehen wird, was nun mit Ihnen geschieht, doch bald, in wenigen Stunden vielleicht, werde ich es nicht mehr wissen." (Der Lehrer, Dritter Akt)

8

- Der Lehrer allein erkennt die **Falle**, die Claire gestellt hat. In seinem betrunkenen **Zustand** sieht er ein, dass die Güllener sich schuldig machen werden, indem sie Alfred Ill töten. Seine Worte klingen wie an anderen Stellen in dem Stück prophezeiend, denn Dürrenmatt macht ihn zu einem Art Wahrsager, der die **unausweichliche** Katastrophe in der Stadt nicht verhindern kann. Der Lehrer kann fast nicht **ertragen**, dass auch er trotz seiner Weisheit mitmachen wird, denn auch er ist menschlich und schwach.

die Falle trap
der Zustand condition
unausweichlich inevitable
ertragen to bear

DER BESUCH DER ALTEN DAME

sich hingeben
to yield to

In der letzten Szene im Gemeindesaal spricht er wieder in einem eleganten Stil, aber bis dann hat er sich der Versuchung **hingegeben**.

9

„Ihr könnt mich töten, ich klage nicht, protestiere nicht, wehre mich nicht, aber euer Handeln kann ich euch nicht abnehmen." (Ill, Dritter Akt)

überwinden
to overcome

entkommen
to escape

angesichts in the face
ehrlich honest

zum Tod verurteilen
to condemn to death

Hier zeigt Ill, dass er seine Angst **überwunden** hat. Nach allen Protesterklärungen gegen Claires Unmenschlichkeit, nach allen Versuchen seine Mitbürger auf seine Seite zu bringen, hat er jetzt endlich seine Schuld akzeptiert. Er weiß genau, dass er seinem Tod nicht **entkommen** kann und dennoch bleibt er ruhig. Dadurch wird er zu einem Helden **angesichts** der Ungeheuerlichkeit der Güllener. Ihnen gegenüber kann er **ehrlich** sein, denn er ist jetzt ruhig. Als der Bürgermeister ihm vorschlägt, dass er Selbstmord begehen sollte, reicht er ihm das Gewehr zurück. Die Güllener haben ihn durch ihr Handeln **zum Tod verurteilt**. Sie müssen mit ihrer sich daraus ergebenden Schuld weiterleben. Die Worte, die er hier zum Bürgermeister sagt, erklären seine spätere Ruhe bei der Gemeindeversammlung.

10

„Meine Liebe konnte nicht sterben. Aber auch nicht leben. Sie ist etwas Böses geworden wie ich selber, wie die bleichen Pilze und die blinden Wurzelgesichter in diesem Wald, überwuchert von meinen goldenen Milliarden." (Claire, Dritter Akt)

deutlich clear

die Rücksicht
consideration, concern

verbergen to hide
ähnlicherweise
similarly

Die feine Symbolik des Konradsweilerwalds wird in Claires Worten an Ill **deutlich** gemacht. Die Liebe, die sie als Jugendliche für ihn gefühlt hat, ist nicht weniger stark als damals, aber mit der Zeit ist sie etwas Böses geworden, ohne Gefühl und ohne **Rücksicht** für andere. Genau wie der Wald mit der Zeit verzerrt geworden ist, so ist auch ihr Herz verzerrt geworden. Der Wald mit seinen gelben herbstlichen Blättern mag wohl schön und romantisch aussehen, aber er ist verfault und gefährlich. Claires goldene Milliarden **verbergen ähnlicherweise** ihren verfaulten Kern. Der einzige Ausweg für sie aus dieser Hölle ist, Ills Leiche in dem Sarg nach Capri zu bringen.